中世ヨーロッパにおける笑い

水田　英実
山代　宏道
中尾　佳行
地村　彰之
原野　　昇

溪水社

まえがき

　広島大学ヨーロッパ中世研究会では，中世ヨーロッパ文化の多元性という大きな研究テーマのもとに，毎年，個別の課題を選んで共同研究を重ねてきた。今回は「中世ヨーロッパにおける笑い」という課題に取り組むことに決めた。昨年のことである。

　一口に「笑い」といっても，何を想定して「笑い」というかは，実にさまざまである。中村明『文章読本　笑いのセンス』（岩波書店，2002年）に笑いの分類の試案として，次のような表が掲載されているので紹介しよう。

笑い体系表
【直接的な笑い】（概念化を要さず）　【笑み】
　〔自然発生的な笑い〕（機能なし）＝《よろこびの笑い》
　　［感覚的な心地よさの笑い］→〈快感の笑い〉
　　［感情的な快さの笑い］　　→〈感動の笑い〉・〈満足感の笑い〉
　　　　　　　　　　　　　　　　〈安堵の笑い〉
　〔反射的な笑い〕（意図・機能が慣用化）＝《体裁の笑い》
　　［友好の笑い］　　　　　　→〈歓迎の笑み〉・〈そら笑い〉・〈愛想笑い〉
　　　　　　　　　　　　　　　　〈へつらい笑い〉
　　［心を隠す笑い］（自衛的）→〈てれ笑い〉・〈てれかくしの笑い〉
　　　　　　　　　　　　　　　　〈困惑の笑い〉・〈苦笑い〉・〈落胆の笑い〉
　　　　　　　　　　　　　　　　〈余裕の笑い〉・〈余裕をよそおう笑い〉
【間接的な笑い】（解釈過程を経る）　【笑み＋笑い】
　　　　　　　　　　　　　　　＝《おかしみの笑い》（発見的驚き）
　〔驚きの笑い〕（常識・予測と結果との大差など信じがたい現象へのとまどい）
　　　　　　　　　　　　　　　→〈あきれ笑い〉・〈絶望の笑い〉・〈恐怖の笑い〉
　〔働きかけの笑い〕（攻撃的）→〈揶揄の笑い〉・〈嘲笑〉・〈自嘲の笑い〉
　〔滑稽の笑い〕（関係の矛盾や違和感の発見）
　　　　　　　　　　　　　　　→〈ジョーク〉・〈エスプリ〉・〈ユーモア〉

それでは，われわれの研究成果はどうであろうか。研究の進捗を図るために，昨年11月に「中世ヨーロッパにおける笑い」と題する公開シンポジウムを開催して，諸賢の批判を仰ぐことにした。いろいろな有意義なご指摘を受けることができたので，発表内容を吟味し改訂して，幸いにもシリーズの第8集として刊行する運びとなった。以下はそのときの発表要旨である。

　「笑いとキリスト教 ― いま泣いているあなたたちは幸い ―」：中世キリスト教社会には「キリストは笑わなかった」とする通説があった。『聖書』にそういう言及がないからである。その一方で『聖書』には「笑い」についての豊かな記述が見出される。アブラハムの息子イサクの名は「笑う」ことを意味するし，「いま泣いているあなたたちは幸いである。あなたたちは笑うであろう」（ルカ伝第6章）とも記されている。キリスト教思想家たちは，「笑い」について何を考えていたのであろうか。（水田英実）

　「中世ヨーロッパにおける笑い ― 修道士は静かに笑う ―」：中世における笑いと現代の笑いとは異なっているのであろうか。中世ヨーロッパの歴史叙述は多く修道士によって書かれているが，中世の歴史家は高価で貴重な羊皮紙に何を何のために記録したのであろうか。現代人である報告者は，中世の歴史叙述のどこに「おかしさ」を感じるのか，その原因を探る。人間としての笑いは中世も現代も共通していると考えているが，その表現方法と影響は時代的規制もあって異なっているのではないか。（山代宏道）

　「フランス中世文学にみる笑い ― 笑いの社会性 ―」： 聖

職者が笑いの対象となっているファブリオ2編，すなわち，司祭が農夫の妻と関係をもつ『やきもち亭主アルールの話』と，聖書の素材を扱いながら農民を主役にして笑いを生じさせている『弁舌で天国を得た農夫』を手がかりに，聖職者と農民が作品のなかでどのように描かれているかを中心に，その社会的背景を考える。（原野　昇）

「チョーサーのファブリオにみる笑い ―「船長の話」における言葉遊び再考―」：フランスから取り入れたファブリオをチョーサーは『カンタベリー物語』の中に位置付け，多重な視点を絡ませて，独自な笑いを構築している。本発表では，「船長の話」における視点と言葉遊びの関係に焦点を当て，笑いの意味論を明らかにしたい。登場人物間の視点の階層性，それと連動する語の多義性，句か複合語かの曖昧性，脚韻技巧など言葉遊びの数々のパタンを取り上げながら，チョーサーがいかに笑いを作り出しているかの一端を捉えてみたい。（中尾佳行）

「チョーサーの英語と笑い」：チョーサーの笑いについて，読者・登場人物・作者という三つの視点から考察する。読者・聴衆の笑いについては，「粉屋の話」と「家扶の話」を取り上げる。登場人物の笑いについては，『トロイラスとクリセイダ』の主人公たちを扱う。作者の笑いについては，『カンタベリー物語』「総序の詩」の人物描写に込められている微妙なアイロニーと笑いについて触れてみたい。今回は，チョーサーの笑いについて大まかに分けることでその概略を指摘する。（地村彰之）

目　　　次

まえがき ………………………………………………………… 1

笑いの諸相
　— いま泣いているあなたたちは幸い —
　　　………… 水田 英実 … 9

中世イングランドにおける笑い
　— 修道士は静かに笑う —
　　　………… 山代 宏道 … 43

フランス中世文学にみる笑い
　— 笑いの社会性 —
　　　………… 原野　昇 … 81

チョーサーのファブリオに見る笑い
　—「船長の話」における言葉遊び再考 —
　　　………… 中尾 佳行 … 111

チョーサーの英語と笑い
　　　………… 地村 彰之 … 143

あとがき ………………………………………………………… 181

Contents ………………………………………………………… 183

著者紹介 ………………………………………………………… 184

中世ヨーロッパにおける笑い

笑いの諸相
― いま泣いているあなたたちは幸い ―

水 田 英 実

1．笑いとは何か

　笑いとは何か。改めてこのように問うてみると，誰しも返答に窮してしまうのではないであろうか。様々な場面での様々な笑いがありうることに思いが及ぶからである。とても一筋縄では行かない。もっとも，簡単に答えることができないことに気づいたとき，真面目に考えるのをやめ，笑い飛ばしてしまうのもひとつの対応であろう。そういう場合の笑いは，懸命になって答えを出そうとしていた，それまでの緊張しきった気持ちを一挙に弛緩させる。

　たしかにこういう笑いによって，答えようとしても容易に答えることができないでいた苦境を，気持ちの上で脱することができそうである。しかし問われたことに答えるかわりに，問題そのものを放棄するのであるから，うつろな解決でしかない。達成感を伴う真の解決からはほど遠い。うれしくもなければ楽しくもない。ところがこういう虚しい笑いも，やはり笑いと呼ばれるからやっかいなのである。しかも，笑いとは何かという問題は，依然として課せられたままである。

ところで,「笑いとは何の謂いか。笑いを誘うことがらの根底には何があるか。」という問いを掲げて,『笑い』と題する一書を上梓したのはアンリ・ベルグソンである。『笑い』の中でベルグソンは,モリエールの喜劇 ―― たとえば,職業を茶化すという主題に沿って,一般人のほうが自分たちのために存在するのだと開き直るような医者や弁護士といった専門職業人を登場させて笑いを誘う ―― を素材として笑いや滑稽に関する鋭い議論を展開させている。

その論述の最初に,問題の背景に言及して次のように記している。

> アリストテレス以来,何人もの大思想家たちがこの小さな問題に取り組んできたけれども,この問題は常にその努力をかわし,すりぬけ,滑り落ち,ふたたび身を起こして,哲学的思弁に対して生意気な挑戦を挑んでくる。
> 　　　　　　　　　　　　　　（林達夫訳 ベルグソン『笑い』）

アリストテレスが滑稽や笑いに関する所説を開陳しているのは,『詩学』*De arte poetica*（悲劇論が主であるが,第5章に喜劇論がある。）のほか,『ニコマコス倫理学』*Ethica Nicomachea*（第4巻第8章に笑いをめぐる考察がある。）等である。加えて,現存するアリストテレス『詩学』の末尾には,「悲劇と叙事詩についての論述を終えた」ので,「次に諷刺詩と喜劇について...」とあって途切れているところから,写本に欠損があることを教えている。つまり,本来の『詩学』には現存する前半部分のほかに,喜劇や笑いに関するアリストテレスのいっ

そう詳細な論述を収めた後半部分が存在していたことを推定させる。

ウンベルト・エーコの『薔薇の名前』は，中世ヨーロッパにおける，「笑い」をめぐる思想的混乱が，殺人と『詩学』第二巻の逸失という結果をもたらしたとするミステリー仕立ての歴史小説である。舞台は十四世紀初めの北イタリアのベネディクト会修道院——ジェノバからリグリア・アペニン山脈を越えて北東に50キロほどの距離にあるボッビオには，文書館を持った修道院の遺構が今も残る——に設定されている。

このフィクションでは，後半部分（第二巻）を持ったアリストテレス『詩学』の写本が，炎上した文書館の蔵書の中にあったことになっている。現存するアリストテレス『詩学』（第5章）から，その喜劇論の一部を引用しておく。

> 喜劇とは，我々がすでに述べたように，普通の人よりもどちらかと言えば下劣な人々のことをまねて再現するものであるが，しかし，それだからと言って，何も，悪のすべてにわたる，というわけではない。再現の対象となるものは，寧ろ，みにくさ(アイスクロン)であり，滑稽(ゲロイオン)もこれの一部に属している。例えば，滑稽は確かに一種の失態(ハマルテーマ)であり，それゆえまた，醜態(アイスコス)であり，その意味では劣悪なものではあるが，別に他人に苦痛を与えたり危害を加えたりする程の悪ではない。早い話が，喜劇用の滑稽な仮面は何かみにくくゆがんでもいるが，それでもこちらの苦痛を呼びはしない。（以下

略）　　　　　　　（今道友信訳 アリストテレス『詩学』）

『ニコマコス倫理学』（第4巻第8章）において，アリストテレスは次のように述べている。

> ひとを笑わせる点で度を越えているのは道化ものであり，低俗なひとであると考えられる。かれらはあらゆる手を使ってひとを笑わせることに固執し，言うことが品の良いことであるかとか，揶揄（からか）われたひとを苦しめはしないかということは顧慮せず，笑いを作りだすことだけを目ざす。これに対して，ひとを笑わせるようなことを何ひとつ言おうとせず，また，そういうことを言うひとびとを忌み嫌うひとは田舎ものであり，堅ぶつであると思われる。これに対して，上品に戯れることを知るひとは機知のあるひとと呼ばれている。それは「回転の早いひと」というような意味である。つまり，人柄についてもこのような運動があると考えられるのであって，ちょうど，肉体が運動によって判定されるのと同じように，人柄もまた運動によって判定されるのである。（加藤信朗訳 アリストテレス『ニコマコス倫理学』）

同じ箇所でアリストテレスはさらに言葉を継いでいる。「大抵のひとは相応しい程度以上に戯れ揶揄（からか）うことに喜びを見いだす。」そのために「道化ものが高雅なひととみられて，機知あるひとと呼ばれることもある」けれども，「〔両者の〕違いは小さくない。」

さらに「自由人の戯れと奴隷の戯れ，教養のあるひとの戯れと無教養なひとの戯れも違う」として，次のように指摘

し，揶揄い方がさまざまにあることについて考察を続ける。

> 昔の喜劇と最近の喜劇とを考えれば，ひとはこれを見てとることができるだろう。すなわち，昔のひとびとにとっては卑猥な言葉が笑わせることだったのであるが，最近のひとびとにとっては当てこすりが笑わせることなのである。だが，これらの間には品の良さという点で少なからぬ違いがある。　（加藤信朗訳 アリストテレス『ニコマコス倫理学』）

　もっともアリストテレスのこれらの著作が，ギリシア語から（あるいはアラビア語から）ラテン語に翻訳され，西欧思想界に知られるようになるのは十二世紀以降である。『ニコマコス倫理学』については，氏名不詳の十二世紀の翻訳者による『旧訳倫理学』*Ethica Vetus* が早いけれども，第三巻までしかない。十三世紀初頭の『新訳倫理学』*Ethica Nova* も第一巻以外は断片的である。十三世紀半ば（1246-1247）にグロステスト（Robertus Grosseteste Lincolniensis, c.1168-1253）が漸く全十巻を翻訳し，さらに恐らくメルベケ（Guillelmus de Moerbeka, c.1215-1286）によると思われる改訂（1250-1260）が加えられた。

　トマス・アクィナス（Thomas Aquinas, 1224/5-1274）の『倫理学注解』*Sententia Libri Ethicorum*, (1271-72) は，この改訂版ラテン語訳に依拠している。『詩学』も 1278 年にメルベケがラテン語に訳している。ただし末尾に「アリストテレス『詩学』第一巻の終り」と記すのみである。第二巻の存在には言及していない。

フィクションは別にして，じっさいにヨーロッパ中世において，「笑い」はどのように論じられたのであろうか。思想家たちは『聖書』の中のさまざまな「笑い」──あるいは「笑い」の不在──をどのように受け止めていたのであろうか。

2. 『ヨーロッパ文学とラテン中世』

ヨーロッパ中世の思想家たちは「笑い」についてどのように論じたか。クルティウス『ヨーロッパ文学とラテン中世』は，末尾の長い「余論」の中に「中世文学における諧謔と厳粛」という項目を設けている。そこに，笑いに関するヨーロッパ中世における様々な主張についての，網羅的な叙述を見出すことができる。第2節「教会と笑い」を見てみよう。（文中の「フモール」はラテン語のフモル (humor)。中世医学では四種の体液を意味し，笑いに関係があると考えられていた。）

> ところで教会は笑いとフモールにたいしどのような態度をとっただろうか？この問いに一義的に答えることはできない。私の参照しうる例証からは見解の多様さが現われ，文化史的にきわめて興味のある光景をみせている。使徒のことばでキリスト教徒に *stultiloquium* ［愚かな話］と *scurrilitas* ［みだらな話］（エペソ書5, 4）を禁じたものがある。すでにクレメンス・アレクサンドリヌス（*Paidagogos*『教育者』II 45 ff.）には笑いについて詳細な論議がある。ヨハネス・クリュソストモス（407年没）は，キリストはけっして笑わなかった（エグベルトゥスの *Fecunda ratis*『ゆたかな船荷』ed. Voigt p.155 参照）と教えた (Migne *PG* 57,69)。古

代の威厳の理想は古キリスト教時代の修道士たちによって継承された。アタナシオスはアントニウスについて，この聖人は気むづかしさもなく，喜びに我を忘れもせず，そしてまた笑いと戦うこともなかった，と報告している（第14章）。スルピキウス・セウェルス（ed. Halm 136, 22）は聖マルティヌスについて，*nemo umquam illum vidit iratum, nemo commotum, nemo maerentum, nemo ridentem* ［いまだ彼が怒ったり，興奮したり，悲しんだり，笑ったりするのを見たひとはない］と述べている。シリアの聖エフラエム（エフレム）（373年に没す，1920年いらい教会博士）は，修道士の笑いを戒める一文を書いた。同様の文言はバシレイオスとカシアヌスにもみられる。さいごに聖ベネディクトゥスは彼の修道士たちに，*verba vana aut risu apta non loqui; risum multum aut excussum non amare* ［空虚なことばや笑いにふさわしい事柄を口にせぬこと，大笑いや高笑いを愛さぬこと］を命じた。そのさい彼は聖書の次のような言葉を根拠にすることができた，*stultus* (Vulg. *fatuus*) *in risu exaltat vocem suam* ［愚者（ヴルガタ聖書では *fatuus*）は声高く笑う］（集会書 21, 23 ［20］）。ただし彼は後半を省略してしまった，*vir autem sapiens vix tacite ridebit* ［しかし賢者の笑いは，ごくかすかで稀れであろう］。いずれにせよ *risum multum et excussum* という表現によって，適度の笑いは黙認されていたのである。たとえば聖アントニウスのことばは，アタナシオス（第37章）によれば，「神々しい機知によって味つけられて」いた —— まさにパウロがコロサイ人への手紙（4, 6）で勧めたように，*sermo vester semper in gratia sale sit conditus* ［いつも，塩で味つけられた，やさしい言葉を使いなさい］。聖マルティヌスの聖

なる諧謔（*spiritualiter salsa*）の若干をスルピキウス・セウェルスが伝えている（ed. Halm 191, 28 ff.）

聖ベネディクトゥスの訓戒は規範としての権威を持ちつづけた。〔以下，略〕

(南大路振一，岸本通夫，中村善也訳 pp.614 f.)

以下，クルティウスの叙述は 8 世紀以降に及び，「やがて 12 世紀の強度の精神運動の結果として，笑いが容認されるか否かがあらためて論ぜられることになった」として，サン・ヴィクトルのフーゴ，イシドールス，ソールスベリのヨハネス等々のキリスト教思想家たちに言及している。「笑いは人間の本質をなすものなのだろうか？ かの神人（キリスト）は人間の本質を分有した。それでは神人が笑ったことになるのだろうか？」というような「原理的な問題」が提起されたのもこの時期であるという。

「神人キリストは笑うことができただろうか」と問うて，「内的な理由があれば喜びは良きものであり，笑うという行為においてそれを外部に表わすことは彼にもできると思われる (Videtur quidem quod habita causa interiore laetitia bona, quod eam exterius in opere ridendi monstrare possit.)」と答えているひともいる。ただし「笑いうるということは，自然から与えられた人間の特性である。それを用いることが彼にはできなかっただろうか。多分できたであろう。しかしそれを用いたとは書かれていない (etiam cum risibile, vel risibilitas, proprium sit hominis a natura datum. Quomodo ergo eo uti non potuit? Forte potuit, sed non legitur eo usus fuisse.)」 (Petrus

Cantor, 12c. *PL* 205, 203) と補うのを忘れていない。

　ベネディクトゥスの修道院規則に「笑い」を戒める思想が見出されるというのは，全73章の規則からなる『戒律』*Regula Sancti Benedicti*（古田暁訳『聖ベネディクトの戒律』）の中の次の箇所で「笑い」に言及していることによるのであろう。〔下線は筆者による。〕

　　（第4章：善い行いの道具について）

　53　無駄口あるいは笑いを誘う言葉は口にしないこと。(Verba vana aut risui apta non loqui.)

　54　頻繁にまた大声で笑いに興じないこと。(Risum multum aut excessum non amare.)

　　（第6章：沈黙の精神について）

　8　一方，卑俗な言動，無益で笑いを誘う言葉はどのようなところでも絶対に禁じ，わたしたちは弟子がこのような話しのために口を開くことを認めません。(Scurritates vero vel verba otiosa et risum moventia, aeterna clausula in omnibus locis damnamus, et ad talia eloquia discipulum aperire os non permittimus.)

　　（第7章：謙遜について）

　59　謙遜の第十段階は，修道士が軽々しく，すぐさま笑わないことです。聖書に，「愚か者は声を上げて笑う」（シラ21・20）とあります。(Decimus humilitatis gradus est, si non sit facilis ac promptus in risu, quia scriptum est *Stultus in risu exaltat vocem suam.*)

　60　謙遜の第十一段階は，修道士が話しをする時，穏やかに，笑わず，厳粛で謙虚に，言葉少なく，道理に適った

話し方をし，また大声をあげないことです。(Undecimus humilitatis gradus est, si cum loquitur monachus, leniter et sine risu, humiliter cum gravitate, vel pauca verba et rationabilia loquatur, et non sit clamosus in voce, sicut scriptum est *Sapiens verbis innotescit paucis*.)

なお「定住」を特徴とするこの修道院規則は，第58章に次のように記している。

(17) 修道院に新たに迎え入れられる者は，祈祷所で，全員を前にして定住，修道の生活，服従を約束します。(18) この誓約は神とその聖人たちの前で行ない，もし後日これに背いたなら，神を<u>あざ笑う</u>者として，神により断罪されることを知らねばなりません。(Suscipiendus autem, in oratorio coram omnibus promittat de stabilitate sua, et conversione morum suorum, et obedientia coram Deo et sanctis ejus, ut si aliquando aliter fecerit, ab eo se damnandum sciat quem irridet.)

さて，クルティウスによれば，「反宗教改革期にもなお，敬虔なキリスト教徒は笑ってもよいか，という問いは，精神的闘争のなかで一役を演じた。」ジャンセニストとも目される，厳律シトー会いわゆるトラピスト修道会の創立者ランセ (Armand-Jean le Bouthillier de Rancé, 1626-1700) に帰される「笑うそなたに禍いあれ！(*malheur à vous qui riez!*)」は，「カトリック史家のこんにちの判断では「非難に値する極端」とみられるような，道徳的厳格主義(リゴリズム)の面目をよく表わしている。」要するに「笑いに対する教会の理論的立場は，厳格主

義的な拒否から好意的な許容にいたるまで，あらゆる可能性を残している」のである。

　思想的混乱が深刻化するのは，「十二世紀の強度の精神主義」の結果であるという。時を同じくしてキリスト教世界にアリストテレスの哲学の全貌がもたらされるに至ったことは，先に指摘したとおりである。アリストテレスの著作のうち論理学書の一部は，ボエティウスによって既に六世紀にラテン語に訳されていた。しかし魂論（デ・アニマ）を含む自然学や形而上学・倫理学に関する多数の著作のラテン語訳がもたらされるのは，十二世紀以降のことである。

　その中に，失われた『詩学』第二巻のような，「笑い」の正当性を提唱する思想を持った著作が含まれていたことを想定して，事態を複雑にすることに関与したかもしれないと考えるのは，興味をそそる仮説である。ただしクルティウスが『ヨーロッパ文学とラテン中世』に付した「余論」に，そのような可能性を示唆する記述があるわけではない。

3．動物の中でヒトだけが笑う
(1) 笑いのメカニズム

　「笑いうる（risibile）」ことは人間に特有の属性のひとつである。アリストテレス『動物部分論』Aristoteles, *De partibus animalium* の中にこの見解を見出すことができる。アリストテレスはこの著作の中で，ヒトやその他の動物の身体のさまざまな部位について詳細にわたって論じた際に，「動物の中で笑うものはヒトだけである（τὸ μόνον γελᾶν ζῴων ἄνθρωπον.)」「ヒトのほかに笑うものはいない (οὐδὲν γὰρ γελᾷ τῶν ἄλλων.)」と記しているのである。

引用した箇所（第3巻第10章）で，アリストテレスは横隔膜について解剖学的所見を述べている。肺臓と心臓のある胸腔と他の内臓（肝臓，脾臓，腎臓）のある腹腔の間に「隔帯（διάζωμα）」つまり横隔膜があるのは次の理由によるという。

> この理由は，感覚的霊魂の起源である心臓が，直接食物から生ずる蒸気やそれに伴って生ずる多量の熱によって影響されたり，急におびやかされたりすることがないように，心臓の付近の場所と胃の付近の場所とを分けるためなのである。自然はそのために，隔帯を隔壁か垣根のようなものにし，体が上部と下部に分けられるような動物においては，体を貴い部分と賤しい部分とに分離したのである。なぜなら，体の上部は他の部分の目的であり，より良きものであるが，下部は上部のために存在し，食物の受容器として必要なものだからである。　　　　　　　　　　　　（島崎三郎訳『動物部分論』）

横隔膜が「プレネス（こころ）」とも呼ばれる理由として「プロネイン（思考する）と何か関係があるように思われている」（上掲『動物部分論』訳注によれば，「プレネス」は「元来横隔膜のこと … であるが，霊魂や理性がここに宿るという考え方から「こころ」という意味になったものである。現今も Nervus phrenicus（横隔神経）や Schizophrenia（精神分裂症）などという用語に使われている。」）とするいっぽう，横隔膜は「思考に関係のある部分（心臓）に近いから，はっきりした変化をひきおこす」と指摘して，

笑いの現象に結びつけた説明をしている。

> 隔帯を急に温めると，感覚を明瞭にすることは，笑いの現象をみても分かる。すなわち，体をくすぐられると，その運動がすぐにここに達するので，すぐ笑い出すのである。また，ゆっくり温めた場合でも，やはり思考力を明瞭にし，意志に反する方向へ動かす。ヒトだけがくすぐったがるわけは，皮膚の薄いことと動物の中で笑うものはヒトだけであることである。くすぐりとは腋の下の付近の部分があのように運動して笑うことなのである。
>
> （島崎三郎訳『動物部分論』）

アリストテレス『動物部分論』は，1210年以前にミカエル・スコトゥス（Michael Scotus, c.1235†）がラテン語に翻訳した『動物について』*De animalibus* の中に収録されている。これはアラビア語訳からの重訳である ―― 九世紀にヤヒヤー・イブン・アル・バトゥリーク（Yahya ibn al-Batriq）がアリストテレスの『動物誌』『動物部分論』『動物発生論』を内容とする動物学書をアラビア語に翻訳している――。その後，メルベケによってギリシア語から直接ラテン語に翻訳された。メルベケが翻訳した『動物部分論』のフィレンツェ手稿本には1260年の日付が記されているという（ちなみにメルベケはアリストテレスの著作の中で最初にこれを訳したとされる）。メルベケはトマス・アクィナスの求めに応じて正確な翻訳を提供するべく，次々とアリストテレスの著作をギリシア語のテキストから直接ラテン語に翻訳したひとである。ただし『動物部分論』は，トマス・アクィナスの引用書目の

一つにあげることができるけれども，その『注解』は著作目録の中に含まれていない。

アルベルトゥス・マグヌス（Albertus Magnus, c.1200-1280）の著作目録の中にその名前がある『動物について』全26巻 *De animalibus libri XXVI*, in A. Borgnet (ed.), *D. Alberti Magni Opera Omnia*, vols.11-12, (1891)は，ミカエル・スコトゥスが訳したアリストテレスの動物学書にもとづいて書かれている。

「横隔膜（diaphragma）」及びその運動によって生じる「笑い（risus）」のメカニズムに関する記述は，アルベルトゥスの『動物について』の第13巻第1論考第9章に見出すことができる。

この箇所で，アルベルトゥスはアリストテレスの『動物部分論』を祖述している。アルベルトゥスによれば，横隔膜と呼ばれる「隔壁（paries）」は，すべての動物が心臓と肝臓の間に持っているものであって，呼吸にかかわる部位（心臓と肺臓）のある領域（spiritualium regio）と栄養摂取のための部位のある領域（pronutritivorum regio）を分かつ，そのためにギリシア語とアラビア語では，これを「知性」を意味する語で表わす。しかしラテン語では概念の間を分かつ働きをするものしか「知性（intellectus）」と呼ばない。

「動物の中で笑うものはヒトだけである」ことについても，アリストテレスの記述に沿って，ヒトだけが「くすぐり」によって笑うのは，皮膚が薄く触覚が敏感なためであるとしている。アルベルトゥスはさらに，ヒトが過度の笑いによって，笑うべきでないことも笑ってしまうものであることにも触

れ，それは横隔膜が熱を受けると直ちに感覚を変化させて，身体全体を喜びまたは悲しみに向けて解き放つからであると説明している。横隔膜には下部とつながる通路があり，温められたフモル（humor）が通る。フモルは変化して蒸気になり，頭部に達する。こうして感覚と知性に変化がもたらされる。（むろん知性は身体の現実態ではないから，横隔膜が知性にとっての器官であるわけではない。しかし知性の働きと密接な関係を有している。）『動物学大全』*Summa zoologica* とも呼ばれるこの著作において，アルベルトゥスはこのように述べてアリストテレス説を敷衍し，「フモール」と「笑い」について詳細な解説を展開させているのである。

(2) 魂の把捉に伴う笑い

ところで『動物部分論』は，アリストテレスの他の多くの著作と同様，十二世紀以降の翻訳によって紹介されて始めて西欧思想界にその内容が知られることになった。しかし，「笑いうるものであることは人間の固有性である」ということは早くから知られていた。六世紀にボエティウスがポルピュリオス『イサゴゲ（アリストテレス範疇論入門）』をラテン語に訳しているからである。

『イサゴゲ』にいう「固有性（ἴδιον, proprium）」は，「付帯性（συμβεβηκός, accidens）」と対になる概念であって，類（genus）・種（species）・種差（differentia）とともにいわゆる「五つの普遍（quinque voces）」の一つに数えられる。ちなみにポルピュリオスは『イサゴゲ』において，この「普遍」

の意味するところをめぐる形而上学的議論を封じ，概念間の関係に限って論じたけれども，ボエティウスの翻訳を通してこの著作に触れた中世の論理学者たちは，唯名論と実念論に分かれて，「普遍」の実在性をめぐる論争を展開した。十二世紀のことである。

『イサゴゲ』において「笑いうる」ということは，ただヒトについてだけ，しかしすべてのヒトについて，しかも常に言えるところから，ヒトの固有性として挙げられる。

固有性は四種類に分けられるから，他の種類のものもある。医者であるとか幾何学者であるというような，ヒトについてだけ言えるけれどもすべてのヒトについて言えるわけではないこともあれば，二本足のようにすべてのヒトについて言えるけれどもヒトだけに限らないこともある。白髪になるのは年を取ったヒトだけであるから，この場合には，ヒトだけに限ることであって，すべてのヒトについて言えるけれども，若い間は言えないことになる。

こういった他の種類の固有性に比して，「笑いうる」ということがそれであるような固有性は，指標となる三つの要件（ある種のものだけに，その種のものすべてに，そして常に成り立つ）をすべて満たしているのである。ヒトは常に笑っているわけではないけれども，いつでも笑いうるものである。笑っていなくても笑うように生まれついているからである。その意味で「笑いうる」ものであることは，ヒトにとって生具のことがらであって，ウマにとっての「いななきうる」ことと同様である。「すべてのウマはいななきうるものである」し，

「すべてのいななきうるものはウマである。」主語と述語の置換（換位）が可能なのである。

人間であれば誰しもみな常に笑っているというわけではない。よく笑うひともいれば，あまり笑わないひともいる。同じひとであっても，時によって，泣くこともあれば笑うこともある。しかしすべての人間は笑いうるものであり，すべての笑いうるものは人間である。このことは，アリストテレス論理学の入門書『イサゴゲ』に記載されている。つまり西欧思想界に早くから知られていたのである。誰でも容易に納得することができたということでもあろう。

トマス・アクィナスの初期の著作である『存在しているものと本質』*De ente et essentia*, (1252-56) にも「笑いうるもの」の用例を見出すことができる。それは次の二箇所である。

> 何かに適合するものはすべて，たとえば人間における笑いうることのように，そのものの本性に内在する諸原理によってもたらされるか，あるいは，たとえば空気における太陽から流入された光のように，何らかの外在的な原理によって生じる。(Omne autem quod convenit alicui, vel est causatum ex principiis naturae suae, sicut risibile in homine, vel advenit ab aliquo principio extrinseco, sicut lumen in aere ex influentia solis.) 　　(c.5, ed. Boyer, p.42)

> 形相に随伴する諸々の偶有は，類や種に固有の属性である。だから類や種の本性を分有するすべてのもののうちに見出される。たとえば人間において笑いうることが形相に随伴する。それは笑いが生じるのは，人間の〔形相である〕魂

が何かを把捉したことによるからである。(Accidentia vero quae consequuntur formam, sunt propriae passiones vel generis vel speciei; unde inveniuntur in omnibus participantibus naturam generis vel speciei, sicut risibile consequitur in homine formam, quia risus contingit ex aliqua apprehensione animae hominis.) (c.7, ed. Boyer, p.58)

『存在しているものと本質』(c.7, ed.Boyer, pp.52-53) には，アリストテレスの『動物について』からの引用として『動物誌』*Historiae animalium*, (lib.8, c.1, 588b4-6) や『動物部分論』*De partibus animalium*, (lib.1, c.2, 642b5-7) の中の一節を引いているところがあるから，執筆時にミカエル・スコトゥスが訳したアリストテレスの動物学書を利用していたことが推量できる。

しかし『存在しているものと本質』においてトマス・アクィナスは，笑いのメカニズムに触れることはなく，笑いを引き起こす原因として「魂の把捉 (apprehensio animae)」に言及するのみである。『神学大全』においても同様である。人間の固有性としての「笑いうる(笑いのセンスを持つ)」ことは，人間の本質に属することがらではないけれども，本質的な原理(つまり形相としての魂)によってもたらされることがらであることを指摘しているからである。

あるものに属するものの中で，そのものの本質の外にあるものはみな，種に随伴する固有性 —— たとえば笑いうることが人間に随伴する，つまり〔人間という〕種の本質に属する〔魂という〕原理から生じる —— のように，本質に属する原理によってもたらされるか，あるいは，水

における熱が火によってもたらされるように、その事物の外にある何かによってもたらされるか、いずれかである。(quia quidquid est in aliquo quod est praeter essentiam eius, oportet esse causatum vel a principiis essentiae, sicut accidentia propria consequentia speciem, ut risibile consequitur hominem et causatur ex principiis essentialibus speciei; vel ab aliquo exteriori, sicut calor in aqua causatur ab igne.) (『神学大全』I, q.3, a.4 c)

ところでトマス・アクィナスは、『神学大全』第三部においてキリスト論を展開している。そこでも、「笑いうるものであることは人間以外には述語されない (risibile non convenit nisi de eo quod est homo.)」(III, q.16, a.5 c) と繰り返しているのである。

キリストは神であるというキリスト教信仰の根幹にかかわることとして、キリストが人間であることとの両立を説く「受肉 (incarnatio)」の教義についても、ボエティウスの著作『ペルソナと二つの本性について』*De persona et duabus naturis* が早くから知られている。(ミーニュ版に収録されたテキストは次の副題を持つ。*contra Eutychen et Nestorium, ad Joannem Diaconum Ecclesiae Romanae.* PL64, pp.1337-1354. さらに次の注釈書を付している。*Gilberti Porretae Commentaria In Librum de duabus naturis et una persona Christi. id.* pp.1353-1412.)

ネストリウスは「神の母 (テオトコス)」という聖母マリアの呼称を否定したことで知られる。キリストは神の子とはペルソナを異にするから、マリアはキリストの母 (キリスト

コス）にすぎないと主張したのである。エウチュケスは「神性との結合は人性の喪失を意味する」と主張して，単性説を唱えた人である。

エウチュケスもネストリウスも五世紀の人であって，キリストにおける神性と人性の一致をめぐる当時の一連の神学論争の中で，エフェゾ公会議やカルケドン公会議において異端として排斥された人たちである。二つの本性の両立を肯定するボエティウス以来の神学的議論は，トマス・アクィナスによっても継承されている。

むろん両性説を採用すればそれだけで思想的混乱を避けることができるわけではない。というより，キリストの死がそのまま神の死を意味するとしたら，不死なる本性を有する神の可死性をみとめるという矛盾に陥ることにならないのか。しかし反対に，その贖罪が神に対して負い目を持つ人間の救済を可能にするものであるために，キリストの死は単なる人間の死であるにとどまらず神性のものの死でなければならなかった。そこで「神が死んだ」ということは，「神」という主語と「死んだものである」という述語が，意味表示 (significatio) の仕方からみれば，一方は神性を，他方は人性を指しているけれども，いずれもキリストの唯一の位格的存在を代示 (supponere pro, stand for) していると説明される。ただし言語表現上の合理的説明が信仰を根拠づけるわけではない。もっぱら不合理性を排除するためになされる。

一般に神的存在を主語とする文における述語――「神は

存在する」とか「神は知性を有する」という場合の「存在する」や「知性を有する」——は，言語表現として有限な被造的世界におけるわれわれの経験に由来することがらを拡張して表示する。そこで，主語が代示するものと述語が代示するものとの一致を肯定する以上に，神的存在について無用な限定を加えるものでないことが了解されていることを要する。

　「笑いうるものである」ことが人間以外に述語されないということもまた，キリスト論の展開の如何によって，単に論理学あるいは言語表現上の問題だけに止まらず，神学上の問題からも切り離すことができないことがらであった。意味表示の仕方の点で，「神の子」という位格的存在(ペルソナ)と「神性（神であること）」は異なるからである。

　神において位格的存在(ペルソナ)と神的本性は，実在的に同一である。この同一性を根拠にして，「神の子は神である」と言うことができる。しかし主語と述語はそれぞれ意味表示の仕方が異なる。そこで神的本性のものに述語づけることができないことであっても，神の子に述語づけることができる場合もある。たとえば，神の子が受難したということができるけれども，神そのものが受難したとはいわない。同様にして「キリストは泣いた」のである。「笑いうるもの」であったことも，言うまでもなかったのである。

4．キリストは笑わなかった？

　笑いの原因は「魂の把捉」にある。つまり笑いは単純に外的刺激に対する身体の反応であるだけでない。人間に特有の

行為としての笑いは，理性の作用に随伴して生じる。笑いは人間の本性に由来することであり，その意味ですべての人間は笑いうるのである。しかしもし人間の本性に根ざすことであるとしたら，笑いは本来肯定されるべきものであって，無条件に排除されるべきではない。

それにもかかわらず，キリスト教徒の笑いを禁じるべき特別の理由があったのであろうか。この点に関して，よく知られているのは，クルティウスも前掲の『ヨーロッパ文学とラテン中世』において挙げているように，ヨハネス・クリゾストムスの『マタイによる福音書に関する説教』(Joannes Chrysostomus, *Homiliae XC in Matthaeum*) の一節である。その箇所でクリゾストムスは,「泣く」ことと「笑う」ことを対比させた上で，泣くことの意義を説く (Homilia IV)。

悲しみにひしがれて涙を流すひとは，ラザロの死 (*Joan.* 11,35) に直面して，あるいはエルサレムの将来 (*Luc.* 19,41) を案じて，涙を流したキリストに倣う者となることができるというのである。じっさい福音書記者たちが伝える通り，キリストはしばしば悲嘆のあまり涙を流している。ところが，その一方でクリゾストムスの説教は，キリスト教徒に対して笑いを禁じているようにも受け取れる。「キリストは一度も笑っていないばかりか，微笑んだこともない。福音書記者は確かに誰もそういうことを書いていない。」(*PG* 57,69) と述べているからである。

もっとも同じ箇所で，クリゾストムス自身,「私がこのように言うのは，とにかく笑いを全面的に締め出すためではな

い。弛緩・解放を排除するためである。」(*ibid.*)と述べている。無条件に一切の笑いを禁じる思想の持ち主であったわけではない。あくまでも節度のない笑いを禁じようとしたのであって，すべての笑いを禁じているわけではない。

　これに関連して『神学大全』の中に次のような設問がある。すなわちトマス・アクィナスは『神学大全』第二部の二において「身体の外的振舞いに関する節度」を取り上げている。そこに，「遊戯・娯楽」についての設問（第168問第2項）があって，その中に「笑い」について論じているところがある。

　そこではまずアンブロジウス『義務論』(Ambrosius, *De officiis*) を論拠にして，あらゆる笑いが排除されなければならないと主張する異論（異論一）を取り上げている。それによればアンブロジウスは『義務論』第一巻 (c.23) において，『ルカによる福音書』から引用して次のように言ったというのである。

> 主は「笑っているあなたがたは不幸である。あなたがたは泣くことになるであろうから」(Luc. 6,25) と言っておられる。そこでわたしは，度を越したことだけではなく，およそすべてのふざけ・戯言を遠ざけなければならないと考えている。　　　　（『神学大全』2-2, q.168, a.2, arg.1）

つまりこの異論によれば，アンブロジウスは『ルカによる福音書』におけるキリストの戒めは，「度を越えた笑い」だけではなく，「笑い」一般に向けられていると考えたのである。

そこから「度を越したふざけ・戯言」に限ることなく，一切の「ふざけ・戯言」をしりぞけなければならないという結論が導き出される。

この異論に対する解答において，トマス・アクィナスは異論とは異なる解釈を示している。すなわちトマス・アクィナスによれば，

> アンブロジウスが戯言を不適切なこととして排除したのは，人々が日常生活の中で話をするときのことではない。聖なる教えを説く場合のことである。そのためにアンブロジウスは先行の箇所で，冗談はときとして尊重すべき甘美なものであるにしても，教会の定める規準からは外れている，聖書に書かれていないことをどうして実行することができるであろうか，と述べているのである。　　　(*ibid.* ad 1)

5．聖書と笑い

(1) アブラハムの笑い，サラの笑い

聖書における「笑い」のテーマは，「イサク」の名前に象徴されているように，単純ではない。イサクという名前が「笑い」を意味することはよく知られている。（「イサク・エル」であれば，「神はほほえまれた」，「神がほほえまれるように」を意味する。）この名前は，サラが男の子を生むと告げられたとき，「アブラハムはひれ伏して笑い，心の中で，『百歳の者に子が生まれるだろうか。九十歳のサラが子を産むだろうか』」と言った」（『創世記』17,17）ことに関連がある。

イサクの誕生を物語る箇所には様々な「笑い」が記されて

いる。それらは少なくとも二種類の笑いに区別できる。快活・純粋な笑いと陰湿な冷笑・嘲笑・信仰を危うくする笑いである。しかし，信じがたいことを聞いたときに生じる不信仰の笑いは，神のわざによって信じがたいことが現実になることを知るときに，幸福な驚きの笑いに変わる。

　笑いの場面は聖書のほかの箇所にもある。滑稽味のある描写も少なくない。イエスの一行がカナの婚礼に招かれたときに，水を葡萄酒に変える奇跡が行われた（『ヨハネによる福音書』2,1-12）。この奇跡に関する記事はどうであろうか。宴の最中に葡萄酒がなくなりかけたことに気づいたマリアはそのことをイエスに告げる。イエスは給仕たちにそこにあった六つの水がめ（いずれも二ないし三メトレテス入りであったという。それぞれ80ないし120リットルの容量である）を水で満たすように命じ，宴会の世話役のところに持って行かせたのである。

　世話役は，葡萄酒になった水を味わい，事情が分からないまま花婿を呼んで，言う。「だれでも初めに良いぶどう酒を出して，酔いのまわったころに，質の落ちるものを出すものですが，あなたは良いぶどう酒を今まで取って置いたのですね。」宣教を開始したイエスが最初に行った奇跡である。上等の葡萄酒になった水を振舞われて喜んでいる客たちの様子を見ながら，── 表情についての記載は何もない。たしかにこれを滑稽味のある愉快な話としか受け取らないのは不適切であろう。しかしこの状況に渋面は不似合いである。──イエスも微笑んでいたのではないか。

さて，アブラハムとサラの笑いについて，『創世記』が記すところを見ておこう。〔下線は筆者による。〕

> 神はアブラハムに言われた，「おまえの妻サライの名をサライと呼んではならない。その名はサラである。わたしはサラを祝福し，また彼女によって男の子をおまえに授ける。わたしはサラを祝福する。彼女はもろもろの民族の母となり，もろもろの民の王たちは，彼女からおこる。」アブラハムはひれ伏して <u>笑い</u>，心の中で，「百歳の者に子が生まれるだろうか。九十歳のサラが子を産むだろうか」と言った。
> （『創世記』17,15-17）

高齢で子を生むのはおかしいと笑ったアブラハムに対して，ヤーウェは生まれた子にイサクと名づけよと命じる。イサクは「笑う」の意である。

> 「おまえの妻サラはおまえに男の子を産む。おまえはその子にイサクと名づけよ。」　　　　（『創世記』17,19）

> かれら〔三人の人〕はアブラハムに，「あなたの妻サラはどこにいますか」と言った。アブラハムは，「サラは天幕の中にいます」と答えた。かれは，「わたしは来年の春，必ずおまえの所にもどってくる。その時，おまえの妻サラには，男の子が生まれているだろう」と言った。かれのうしろに天幕の入口があったので，サラはそこで聞いていた。アブラハムとサラは年を重ね，老人になっていた。サラにはもう女の月のものがなかった。それでサラはこころの中で <u>笑い</u>，「わたしは老いこんでいるのに，楽しみがあるのでしょうか。わたしの主人も年寄なのに」と言った。ヤーウェはアブラハムに言われた，「なぜサラは，『わたしは年をとってい

るのに，ほんとうにまだ生むだろうか』と言って 笑った のか。ヤーウェから見て不思議なことがあろうか。来年の春定めの時に，わたしはおまえの所にもどってくる。その時，サラには男の子が生まれているだろう」。するとサラは恐れて，「わたしは 笑いません でした」と言って打ち消した。ヤーウェは，「いや，おまえは確かに 笑った 」と言われた。
(『創世記』18,9-15)

アブラハムはその子イサクが生まれた時，百歳であった。サラは言った，「神はわたしを 笑わせて くださいました。この出来事を聞く人はだれでも，わたしのために 笑うでしょう。」 (『創世記』21,5-6)

いろいろな笑いがある。しりぞけられる笑いもある。それは，時をわきまえなければならないことを忘れるからである。「天の下のすべてのものには，その時期があり，すべての営みにはその時がある」(3.1) と告げる『伝道の書』は，さらに「泣くに時があり，笑うに時がある。嘆くに時があり，踊るに時がある」(3.4) と記している。「悲しみは笑いに勝る」(7.3) とはかぎらない。

「どうして，あなたの弟子たちは断食をしないのですか」と尋ねられたとき，イエスは「花婿の友人たちは，花婿が自分たちとともにいるとき，悲しむことができようか。しかし，花婿がかれらから取り去られる時がくる。その時かれらは断食するであろう。」(『マタイによる福音書』9,14-15) と答えている。はたして受難の時が近づいたある日イエスは弟子

たちに言う。

> よくよくあなたたちに言っておく。あなたたちは泣いて悲嘆にくれるが，この世は喜ぶ。あなたたちは悲しむが，その悲しみは喜びにかわるであろう。女は，子どもを産むとき，その時がくると，気が重くなるが，子が産まれると，ひとりの人間がこの世に生まれ出た喜びのために，産みの苦しみを忘れてしまう。あなたたちも今，悲しんでいるが，わたしはまたあなたたちに会う。そのとき，あなたたちの心は喜び，その喜びは取り去られることはない。
> （『ヨハネによる福音書』16,20-22）

同様の意味で「今泣いているあなたたちは幸いである。あなたたちは笑うであろう」（『ルカによる福音書』6,21）と言われているのであれば，キリスト教的生活から「笑い」を全面的に排除する理由はない。かえって，永遠の生の端緒としてのキリスト教的生であってみれば，なおさらのことである。

(2) 天国の笑い（ルカによる福音書）

『ルカによる福音書』第6章20節－26節に，『マタイによる福音書』第5章のいわゆる真福八端に類似した垂訓が記されている。先に指摘したように，この垂訓の中に「笑い」への言及がある。

> イエズスは弟子たちに目を注いで仰せになった。
> 貧しいあなたがたは幸いである。神の国はあなたがたのものである。今，飢えているあなたがたは幸いである。あなたがたは満たされるであろう。今，泣いているあなたがたは幸いである。あなたがたは 笑うであろう。

人の子のために，人々があなたがたを憎み，追い出し，ののしり，あなたがたの名を汚らわしいものとして葬り去るとき，あなたがたは幸いである。その日には喜び踊れ。天におけるあなたがたの報いは大きい。彼らの先祖も，預言者たちに対して同じことをしたのである。

　しかし，富んでいるあなたがたは不幸である，あなたがたはすでに慰めを受けている。今，満腹しているあなたがたは，不幸である，あなたがたは飢えるであろう。今，<u>笑っている</u>あなたがたは不幸である，あなたがたは悲しみ泣くであろう。

　人々が皆，あなたがたをほめそやすとき，あなたがたは不幸である。彼らの先祖も，偽預言者たちに対して同じことをしたのである。

　このように，神の国の宣教を始めたイエスが神の国における幸いを説いたその説教には，「笑う」という動詞が2回出てくる。21節には「いま泣いているあなたがたは，今度は笑うであろう」とあり，25節には「いま笑っているあなたがたは，今度は悲しんで泣くであろう」とある。

　これによれば，同じ「笑い」が一方では，天国における「笑い」として，この上ない幸せを享受することに伴うものであるけれども，他方，現世を享楽するひとの「笑い」は，この世のあとに大きな不幸を招来するであろうことが警告されている。そこでもし，時の経過には現世から来世へという一方向しかないとしたら，というよりこの一方向性のもとにあることがキリスト教的時間の特徴であるから，「先の笑い」のほうはそのときが来たら手放しで喜ぶことができるような，永続性のある笑いであるけれども，反対に「いまの笑

い」のほうは一時のものでしかなく、気づかれていないだけで実は将来の不幸と裏腹の関係にある。

たしかにラザロが葬られた墓の前で涙するキリストの姿が『ヨハネによる福音書』に描かれている（第11章）。墓に葬られて既に4日も経過していたラザロを蘇らせる力をもちながら、親しい人の死を悲しんでいるのである。しかしそれは真の人間であることの証であるという。いま悲しみの涙にくれるひとであってこそ、先の世で真の喜びを享受して笑うことができるということでもあろう。いまの笑いは、嘆きに変わりうる。

> 神に近づきなさい。そうすれば、神もあなたがたに近づいてくださいます。罪びとたち、手を清めなさい。二心のある人々、心を清めなさい。悲しみなさい、嘆きなさい、泣きなさい。<u>笑い</u>を嘆きに変え、喜びを悲しみに変えなさい。主のみ前にへりくだりなさい。そうすれば、主はあなたがたを高めてくださいます。　　（『ヤコブの手紙』4,8-10）

しかし『ルカによる福音書講解』*Enarrationes in primam partem Evangelium Lucae (I-IX)* の中で（第6章）、アルベルトゥス・マグヌスは「笑う者」について次のように記している。

> 笑いはそれ自体として罪ではない。なぜならサラも笑ったし、聖人たちもみな笑った。また救いを得たすべてのひとは終りの日に笑うであろう。しかし、隷属状態におかれ、抑圧され、略奪された人たちを見て笑うならば、それは批難

される。　　　（『アルベルトゥス・マグヌス全集』22, p.423）

ヨーロッパ中世の思想家は，笑いを全面的に斥けなければならないという視点のもとに，『聖書』の中の「笑い」の諸相を考察していたわけではなかった。

参考文献

Albertus Magnus, *Animalium Lib. XXVI.* (Pars altera, XIII-XXVI). *Opera Omnia*, Augustus Borgnet (ed.), Vol.12, Vivès, 1891.

Albertus Magnus, *Enarrationes in primam partem Evangelium Lucae (I-IX). Opera Omnia*, Augustus Borgnet (ed.), Vol.22, Vivès, 1894.

Albertus Magnus, *On Animals: A Medieval Summa Zoologica*, tr. by Irven M. Resnick & Kenneth F. Kitchell. Hopkins Fulfillment Service, 1999.

Aristoteles Latinus, XXVI,1-3, *Ethica Nicomachea*, R.A. Gauthier (ed.), 1972-1974.

Aristoteles Latinus, XXXIII, *Poetica*, L.Minio-Paluello (ed.), 1968.

Aristoteles Latinus, Codices. Georgius Lascombe (ed.), 1939.

Aristoteles, *Liber de poetica*. Rudolfus Kassel (ed.), OCT, 1965.

Aristoteles, *Ethica Nichomachea.* I.Bywater (ed.), OCT, 1894.

アリストテレス『ニコマコス倫理学』加藤信朗訳，岩波書店，1973.

アリストテレス『動物部分論』島崎三郎訳，岩波書店，1969.

アリストテレス『詩学』今道友信訳，岩波書店，1972.

Benedictus Nursiae, *Regula cum commentariis*, PL 66, 1866.

ベネディクト『聖ベネディクトの戒律』古田曉訳，すえもりブックス，2000.

Henri Bergson, *Le rire, essai sur la signification du comique*, PUF 1900, 1967[233].

ベルグソン『笑い』林達夫訳，岩波文庫，1977.

『聖書』「創世記」フランシスコ会聖書研究所，1958.

『聖書』「マタイによる福音書」フランシスコ会聖書研究所，1966.

『聖書』「ルカによる福音書」フランシスコ会聖書研究所，1967.

『聖書』「ヨハネによる福音書」フランシスコ会聖書研究所，1969.

『聖書』「全キリスト者への手紙（ヤコブ，ペトロ，ヨハネ，ユダ）」フランシスコ会聖書研究所，1970.

リチャード・コート『笑いの神学』木鎌安雄訳，聖母文庫，聖母の騎士社，1992.

Ernst R. Curtius, *Europäische Literatur und lateinisches Mitteralter*, 1948, 1954^2.

E. R. クルティウス『ヨーロッパ文学とラテン中世』南大路振一・岸本通夫・中村善也訳，みすず書房，1971.

Umberto Eco, *Il Nome della Rosa*, 1980.

ウンベルト・エーコ『薔薇の名前』（上・下）川島英昭訳，東京創元社，1990.

Joannes Chrysistomus, *Homiliae XC in Matthaeum*, PG 57, 1860.

Alain de Libera, *La Philosophie médiévale*, PUF, 1993, 2004.

アラン・ド・リベラ『中世哲学史』阿部一智・永野潤・永野拓也訳, 新評論, 1999.

宮田光雄『キリスト教と笑い』岩波新書, 1992.

Porphyrius, *Porphyrii Isagoge et In Aristotelis Categorias commentarium*, Adolfus Busse (ed.), 1887.

Thomas Aquinas, *Sententia Libri Ethicorum*, iussu Leonis XIII P.M. edita, *Opera Omnia*, tt.47-48, 1969.

Thomas Aquinas, *Catena Aurea in quatuor Evangelia*, II. Expositio in Lucam et Ioannem. Angelicus Guarientus (ed.), Marietti, 1953.

Thomas Aquinas, *De ente et essentia*, Carolus Boyer (ed.), Pontificia Universitas Gregoriana, 1970.

『モナ・リザ』 (1503-1506)
レオナルド・ダ・ヴィンチ (ルーブル美術館)

中世イングランドにおける笑い
— 修道士は静かに笑う —

山 代 宏 道

はじめに

　フランスの中世史家ジャック＝ル＝ゴフは「中世における笑い」という論文において，笑いの形而上学的原因を探るとして，中世では笑いについて社会がどのように考え，どのような理論的立場を取っていたのか，そして，笑いが種々の形において中世社会でどのように機能したのかを再現しようと試みている。(Le Goff, p.40.)

　いま現代における笑いに関する見方を紹介するとつぎのようなものがある。加島氏は，アメリカではユーモア humor という言葉がおかしさや笑いの表現として非常に広く使われていると述べている。機知 wit・冗談小咄 joke・ほら話 tall tale・語呂合せの洒落 pun・ノンセンス nonsense（またはブラック・ユーモア）・駄洒落 gag・皮肉 sarcasm などをユーモアとして扱うし，外見は平凡な考えでもそのあらわれ方が笑いを誘うものであれば，ユーモアと受け取ろうとする，という。（加島，p.69.）

ル=ゴフによると，笑いは歴史的考察対象として捉えられる。まず，笑いは文化的現象であり，笑いに対する態度，笑い方，目的や形態などは変化している。つぎに，笑いは社会的現象であり，笑う人，笑われる人，いっしょに笑う人といった複数の人々に関わる。さらに，笑いは社会的行為とみなすことができる。それは，いわばコード，儀式，役者，劇場をもっている。このように文化的・社会的現象としての笑いは歴史をもっているとして，かれは，中世ヨーロッパの笑いの歴史に関する諸問題を概観したのであった。(Le Goff, p.40.)

ところで，中世における笑いと現代の笑いとは異なっているのであろうか。中世ヨーロッパの歴史叙述は多くが修道士によって書かれているが，中世の歴史家は高価で貴重な羊皮紙に何を何のために記録したのであろうか。現代人は中世の歴史叙述のどこに「おかしさ」を感じるのか，その原因を探ってみる。基本的には，人間としての笑いは中世も現代も共通していると考えられるが，その表現方法と影響は時代的規制もあって異なっているのではないか。

こうした見方は，加島氏においても共有されている。同氏は，人間のなかには笑いたい衝動がいろいろに潜在しており，笑うということは生命とじかにつながった働きだから，生命が躍動しようとするところ，かならず笑いが生じると考えている。しかし，笑いの出方はその社会的条件によって違う。いろいろの笑いのうちのひとつが，ある方向にだけ出てゆく。笑いもその国その社会のあり方によって，さまざまの

湧き方や流れ方をする。しかし，人間が生きぬいてゆくかぎり，水と同様，笑いも人間にはどうしても必要なものだと主張している。(加島, pp.109-110.)

中世ヨーロッパにおいて歴史叙述を残した主体である聖職者，とくに修道士は笑わなかったのであろうか。かれらが教訓としての記録や事例集を作成したとき，言及された事象のうちにかれらは神の意志を読み取っていたはずである。そうだとするならば，すべての出来事を神の意志の表れと解釈することになり，そこには，笑いとしての解釈が可能であったのかどうかが問題となる。

また，笑いはすべての階層に関係していた。(ヴェルドン，p.11.) しかし，ここでは中世イングランドのすべての社会階層の人々の笑いについて検討する余裕はないので，中世イングランドの若干の歴史叙述のなかで笑いが起こったであろうと筆者が判断した事例を手がかりにする。その意味では，あくまで笑いについての一考察として位置づけられるものである。

1. 笑いの時代的背景

(1) 聖書

そもそも中世ヨーロッパの時代的規制あるいは行動の社会的基準を生み出したものとしての聖書は，笑いに関してどのような立場をとっているのであろうか。聖書は非難すべき笑いと正しい笑いを区別していると言われることもあるが（ヴェルドン，p.14.），他方で，「聖書によるとキリストは決

して笑わなかった」といった命題が述べられることがある。

ル＝ゴフも，自分がなぜ笑いに興味をもったのかと自問し(Le Goff, p.43.)，E.R. クルツィウスの『ヨーロッパ文学とラテン中世』の中に，「キリストは笑ったのか」というテーマが述べられていたことに言及している。そして，説教や説教文学において出会うこの課題が，修道院や教会に制限されるものではなく，大学においても論じられていたとする。そこではアリストテレスによる「笑いは人間の特性である」とする命題と対比的に考察されていた。

クルツィウスは，「中世文学における諧謔と厳粛」と題する小論において，「教会と笑い」や「聖人伝における喜劇性」などについて考察している。（クルツィウス，pp.610-638.）

もしキリストが笑わなかったとなると，かれを手本にしているキリスト者の笑いは存在しなくなってしまう。しかし，宮田氏が指摘しているように，笑いに関する「異端」は存在しなかった。笑いに対するすべての態度は，ある正統性の中に位置づけられたようである。さらに同氏は，福音書が，そもそもイエスの伝記として読まれることを意図して書かれたものではなかったのであり，それは，キリストの喜びや笑いを伝えるためではなく，神の言葉すなわち福音を伝えることを目的としていたことに注目している（宮田，p.71.）。同時に，それにもかかわらず，福音書の中に，キリストの喜びと微笑みを読み取ることが可能ではないかとする。十字架につづくイエスの復活は，大きな驚きや喜びをもたらす出来事だった。「新訳聖書全体を通して，真面目なことと喜び，苦

難と笑いとは，けっして互いに排除しあうものではなかったのではなかろうか。結論を先どりして言えば，私としては＜イエスは笑った＞という大胆な仮説をもっている」と述べている。（宮田，p.74.）筆者としても，こうした宮田氏の立場を支持しておきたい。

ル＝ゴフは，笑いの歴史を2つの側面に分けている。すなわち，笑いに関する態度と笑いの表明とである。笑いの理論面と比べて実践面は複雑であるが，テキストの中に笑いの事例を見いだすことができる。また，笑いと判断されるテキストと笑わせるテキストも区別されるべきであるとする。それらは，笑いの歴史と笑わせることの歴史である。(Le Goff, pp.41-42.)

聖書が笑わせることを目的としておらず，笑いを規制する根拠とされることがあったとしても，キリストの言動のうちに笑いと判断される事例を見出すことは可能なのであろう。

(2) 修道院戒律

中世ヨーロッパで修道士たちの基本的な戒律であった『聖ベネディクト戒律』は，空虚な言葉や笑いを引き起こすような事柄を口にしないこと，また，大笑いや高笑いをしないことを命じている。（宮田，p.147.）笑いは怠惰とともに修道士の大敵であった。(Le Goff, p.45.) それでは，修道士たちは，いかなる形でも笑わなかったのであろうか。

修道士にとって笑いは禁止されていたようである。たしかに，修道院の規則を作った人々は懸命に笑いを抑圧しよう

とした。「キリスト教徒が笑うことのできる状況は存在しない」のであれば，なおさら西ヨーロッパ修道生活の理想として，笑いや冗談は明白な罪へと導くものであったのかもしれない。既述したように，中世ヨーロッパで「イエスはこの世で生きているあいだ一度も笑わなかった」と主張され，修道院では「会話の時間は陽気に笑う時間ではなく，われわれの犯した罪を悲しむ悔悛の時間である」とみなされた。さらに「頻繁な騒々しい笑いを好んではならない」とか「愚か者は大声で笑い，賢い人は静かに微笑む」と言われた。(ヴェルドン，pp.16-7.)

中世の笑いに関してル＝ゴフは，肉体に敵対的なテキスト，すなわち，禁欲的タイプのテキストが注目されてきたことを指摘するが，同時に，人間が身体と魂の結合体であることも強調している。(Le Goff, p.45.) 笑いはまじめに考察されるべきものである。笑いは身体から生じるのであり，中世が身体に与えている位置について非常に多くのことを教えてくれるからである。さらに，かれは文明化の過程で徐々に進んだ笑いの容認に先立つその抑圧が，時系列の上でも，また，象徴の面でも，夢と同じ道をたどったと見なしている。(ル＝ゴフ『身体』p.108.)

笑いに関する言語学的方法を取るのであれば，ラテン語と俗語（日常言語）の両方の領域で研究すべきである。笑いは日常言語によるものが多く，その研究がより重要である。中世では多様な言語が存在するが，13世紀以降にはラテン語が専門家の言語となった。しかし，ラテン語は感受性あるい

は感情や考えの個性を表すのに適しておらず，その結果，主観的なものを観察することに失敗したとル＝ゴフはみなしている。そうであれば，笑いの研究は日常的言語に向かうことが必要なのであろう。(Le Goff, p.42.)

中世の知識人あるいは聖職者に関しては，修道院による笑いの規制が注目されるが，それとともに，笑いが非難された原因を，それ自身の性質というよりもむしろ空間的比喩の中に求めることができる。古代哲学の伝統とちがって，中世においては左右よりも上下，あるいは内と外との対立が重視されたようである。笑いは「下等な」行為に通じるものとされた。身体は，崇高な部分（頭，心臓）と卑しむべき部分（腹，手，性器）とに分けられ，そこには，善と悪を選り分けるのに役立つフィルター，すなわち，目，耳，口が備わっていた。(ル＝ゴフ『身体』p.107.) 頭は精神の側，腹は肉欲の側にあり，笑いは腹から，つまり身体の悪しき部分から沸いてくると考えられたのである。

笑いは沈黙を破るものであり，修道士にとって重要な謙遜の反対に位置づけられるものであった。6世紀の『師の戒律』(Regula Magistri) は，『ベネディクト戒律』よりも古く，そのモデルとなったが，『ベネディクト戒律』の方が簡潔であったために普及したようである。その『師の戒律』は，笑いが体の下等な部分から生じ，胸を通って口にいたると捉えていた。ル＝ゴフによると，口からは，崇敬，信仰，そして祈りの言葉が出てくることもあれば，卑猥で冒涜的な言葉が出てくることもある。『師の戒律』によれば，口は「差し錠」，歯

は「城門」であり、笑いによって運ばれてくるかもしれない狂気の流れを食い止めなければならないとされた。(ル＝ゴフ『身体』pp.107-8.)

その他の戒律がこれに続く。ニュアンスは多少異なりながら「修道士はむやみに笑うべからず」とユゼスの聖フェレオルスの戒律は命じ、「会合の間に、すなわち聖務のさいにひそかに笑う者は6度の鞭打ちにて罰せられるべし。高笑いする場合は、断食すべし」とコルンバヌス(615没)の戒律は定めた。『師の戒律』は言う。この「あわれな肉体」にできることは、口の門を閉ざし、聖職者たちが警戒する悪魔の笑いを食い止めることである、と。ル＝ゴフが指摘するように、『ベネディクト戒律』が強調したのは、沈黙を破ることの危険性、修道院生活の創始者たちが基本原理であるとみなした修道士の心の慎みを妨げることの危険性であった。(ル＝ゴフ『身体』p.110.)

イエスは弟子たちに、口から入るものと口から出るものいずれが汚すかについて説明を試みている。「あなたがたは、すべて口に入るものは、腹を通って外に出されることが分からないのか。しかし、口から出て来るものは心から出て来るので、これこそ人を汚す。悪意、殺意、姦淫、みだらな行い、盗み、偽証、悪口などは、心から出て来る。これが人を汚す。しかし、手を洗わずに食事をしても、そのことは人を汚すものではない。」(マタイ 15,16-20)宮田氏は次のように解説する。汚れた言葉は口から外に吐き出されるが、その言葉を生み出した汚れた思いは内にとどまっている。悪い思

いは悪い言葉として発言されることによって，心のうちでははっきりとした形をとり，成長し，拡大して，その人を内部から汚していく。口から出る悪口とともに，悪意ばかりか，じっさいに，多くの悪い行為，殺人，姦淫，盗みまでもとび出してくるのである，と。(宮田，p.112.) ところで，われわれは，聖書のこの箇所において，口から出て人を汚すもののうちに「笑い」が含まれていなかったことに注意しておくべきであろう。

　映画「バラの名前」は，中世後期の修道院においても笑いを嫌悪する人々がいたことを描いている。12世紀には，シトー派修道会のオピニオンリーダーである聖ベルナールが，笑いを引き起こす可能性のあるロマンス（空想）芸術（Romance art）における怪物の表象に批判的であったことが知られている。(Le Goff, p.44.)

　笑いに関しては，社会との関係が問題となる。誰に対して，何に対して，誰と笑うかが問われるからである。ところで，修道院においては笑いがまったく存在しなかったかのように思われがちであるが，必ずしもそうではない。修道士の中には気晴らしに興じ，そのために冗談を言って笑わせることもためらわない者もいた。修道士の笑い（joca monacorum）ともいえるある種の書かれたジョーク（なぞなぞ）が存在し，それらは8世紀以降には収集されてきたようである。「修道士のゲーム」という名で，なぞなぞの問いと答えが今日まで伝えられている。(ヴェルドン，p.25.)

(3) 転換期としての 12 世紀

 12 世紀ヨーロッパでは聖母マリア崇拝が盛んになるが、それとともに神のイメージもそれまでの「裁きの神」から「救いの神」への移行が見られるようである。キリスト像においてもかすかな微笑みを読み取ることが可能な事例もあるのではなかろうか。さらに、聖母子像において、マリアの表情に母としての喜びや微笑みを見ることもできるかもしれない。

 ル=ゴフは中世ヨーロッパの笑いに影響を与えた文化的遺産は何かと問い、聖書が 14 世紀までは典拠であったことを指摘する。そして、「引用ゲーム」とでも呼べるような、典拠として何を引用するかは時代で異なっており、そこに笑いに関する文化的発展が認められると考えている。彼によると、言語学的には、ヘブライ語では 2 類型の笑い、すなわち、幸せで拘束のない笑いと嘲笑し汚すような笑いが存在したが、ギリシャ語でも、自然の笑いと悪意ある笑いがあった。しかし、ラテン語の subrisus は、長い間 smiling を意味せず、密かに笑うことを意味していたのだが、12 世紀になって微笑む (smiling) の意味が出現したという。(Le Goff, pp.47-48.)

 笑いは選ばれた者たちの属性とみなされ、人間がめざすべきひとつの状態であると考えられるようになった。教会は修道院的規制の圧力から離れ、笑いを抑圧することから、むしろ笑いの管理へと向かう。そして、良い笑いと悪い笑い、神の笑いと悪魔の笑いを分けるようになる。然るべき笑い、賢者の笑い、それは微笑みであり、微笑みは中世において発明された。(ル=ゴフ『身体』pp.111-112.)

中世における2つの重要なテーマ「キリストは笑ったのか」と「笑いは人間の特性」を結びつけるものは何であろうか。人々は，笑いを規制できないときには，それを拒絶しがちであった。中世前期においてはそうであった。しかし，12世紀になって良き笑いを区別しつつ，笑いを規制できるようになった。スコラ学と結びついて，教会によって，笑うという行為の「法典化（コード化，codification）」が引き起こされた。パリ大学の最初のフランシスコ会の博士で教師であったAlexandre de Halesがスコラ学的テキストを書き，アルベルトゥス＝マグヌスは地上の笑いは天井の幸福の予兆であると考えた。その弟子トマス＝アクィナスは笑いに肯定的な神学的地位を与えた。少しずつ笑いの復権がなされ，笑いはよりよく管理されるようになる。聖書の中には笑いを非難する理由と同じくらい笑いを勧める理由もまた見出せると言われる。(Le Goff, p.44.)（ル＝ゴフ『身体』p.111.）

笑いに対する人々の対応の変化は，その時代の「キリスト教化の度合い」によって説明されるのかもしれない。中世初期においては，ル＝ゴフが指摘するように「主要な関心は内省によりもむしろ外的，儀式的，集団的なキリスト教化に向けられ，修道士のような専門家にとってさえ，内省の重要性が認識されるようになるのは段階的でしかなかった」。転換期は紀元千年頃に訪れる。これをもたらしたのは隠修士からオスティア枢機卿となったペトルス＝ダミアニ，あるいはフェカンのヨハネスのような修道院生活の改革者たちであった。（ル＝ゴフ『身体』p.103.）こうした変化を経て，12世

紀になって笑いを外的形において捉えることから内面的に位置づけ，それを容認する準備が整っていったと言えるのであろう。

ヴェルドンは，笑いが非難されている場合，それは過度の笑いであったということに注目している。それまでは聖書が邪悪な笑いと正しい笑いを区別していたとしても，それは修道院文書には現れていなかった。中世初期にはいずれの笑いも非難の対象になっていたが，笑いについての区別は，笑いと遊びのポジティヴな関係を再評価した13世紀のスコラ学において見られるようになった。(ヴェルドン，p.21.)

もっとも，いかにして人々を笑わせるかという問題は，さらに後の時代に生じてくる。キリスト教は長い間，笑いの愚弄的側面を封じてきたとの印象をもたれがちであるが，他方で，絵画や彫刻において笑いが開花してくるのを見る。たとえば笑う天使像が現れた。すなわち，微笑む天使とくすくす笑う天使像である。(Le Goff, p.49.)

笑いについてはこうした時代的変化を指摘することができるのであるが，以下では，中世イングランドの歴史叙述にみる笑いに限定しながら，現代人である筆者から見て「おかしさ」を感じる事例，そして微笑みや嘲笑といった笑いを引き起こしたであろうと筆者が考える事例を若干の史料から抽出して，現代から見た中世の笑いの一面を探ってみたい。その場合，修道士である歴史家が言及している笑いは，かれらが所属する団体（修道院共同体）を代表したような笑いが多いのではないか。また，修道士と在俗聖職者の集団のあいだで

相手に対する皮肉・嘲笑が多い。修道士による司教権への反発や司教座教会参事会同士の対立から笑いが引き起こされる事例も多いようである。

2．聖人と笑い

　中世イングランドの代表的叙述のひとつである聖人伝や奇蹟伝においては，その聖人を守護聖人として奉じる人びとが，対立相手を嘲笑する事例がしばしば出てくる。たとえば，ベリー＝セント＝エドムンド修道院の奇蹟伝ともいえる『聖エドムンド奇蹟伝』において次のようなエピソードが述べられている。イースト＝アングリアの司教座を伝統的で富裕なベリー＝セント＝エドムンド修道院へ移動しようとして修道院側と対立していた司教ハーファースト（在位 1070-85）が，あるとき木の枝にぶつかって落馬し，目を傷めた。目の病気治療で評判であったベリー＝セント＝エドムンド修道院長ボールドウィンのところへやって来たが，ボールドウィンは，司教が修道院へ司教座を移そうとする干渉をやめることを約束するまではかれを治療しなかったという。（Gransden, p.66.）修道士たちは，「してやったり」と微笑んだにちがいない。

　他の事例としても，同奇蹟伝には守護聖人である聖エドムンドによる修道院の権利や財産に関する防衛行為が述べられている。聖エドムンドは，修道院に対して悪意ある行為を働いた者へ復讐や罰を加えることがあった。（Gransden, pp.67-68.）そうした場合，修道士たちは自分たちの権利や

財産が保護されたこと，あるいは，救われたことで，ほっとした笑いを引き起こしたと推測されるのである。

11-12世紀のヨーロッパにおいては，ほとんどすべての教会や修道院は聖遺物を保管しており，聖人崇拝や聖遺物崇拝が盛んであった。そこに聖遺物をめぐる中世人のまじめな信仰心を認めながらも，現代人の筆者としては，信じがたいという驚きとともに何かしらの笑いを禁じ得ない場合もある。たとえば，同一聖人の遺骸の同じ部位（頭蓋骨や腕の骨など）が複数の修道院や教会で所有されていた場合には，ひとつが本物で，他のそれらは偽物か模造品であったのか，あるいは，すべてが偽物であったのであろう。こうした聖遺物の「氾濫」は，現代人にとっては驚きまた呆れる事態であるが，なぜか微笑ましい現象でもある。聖職者や修道士たちは，本当に複数存在する聖遺物の効果を信じていたのであろうか。かれらが，学識のない信者たちの盲信を笑うことはなかったのであろうか。

聖地や聖所における病気の治癒奇蹟は，聖人の執り成しによって病人の救いや喜びをもたらしたが，それらは治癒された者たちの微笑みにつながったはずである。

3．俗人と笑い

(1) 国王

12世紀ころから「笑いの法典化」ともいえる，笑いを管理する試みが行われたことは既述したとおりである。ル＝ゴフは，フランスの聖ルイ王による事例を紹介している。国

王は「金曜日には笑わない」ことを決めていたという。聖ルイ王は，笑う王あるいは「こっけいな王」であったようであるから，笑わない日を決めていたということは，笑いを管理していたことを意味している。さらに，イングランド王ヘンリー2世も機知のある言葉やしゃれを多く発する王であったようであり，そうした事例が収集されていたという。宮廷での笑いは国王がもつ機能のひとつ，すなわち，統治の道具，あるいは少なくとも王の力としてイメージされつつあった。文化人類学の立場から笑いのもつ機能の研究が行われているようである。たとえば，現代では母親と義理の息子との関係において笑いが果たす効用が指摘されることがあるが，中世では，笑いが国王の手にあるとき，それは国王の周りの社会（取り巻き）をつくる1つの方法であった。(Le Goff, p.44.)

アングロ＝ノルマン期の第二代国王ウィリアム2世は，ウェストミンスター宮殿が完成したとき，その宮殿の大きさが大きすぎるとか，十分であると言い合っている人びとに対して，その規模は自分が期待していた宮殿の半分にも充たないと発言して，人びとを驚かせたと言われる。(HH,HA, pp.446-7.)

また，ウィリアム2世は，ニューフォレストで狩猟中に，ノルマンディー南のメーヌ地方のル＝マンにおいて自分の臣下の兵たちが包囲されているとの知らせを受けて，急いで海岸に向かい，船に飛び乗った。船乗りたちが，なぜ危険を犯して耐えられないほどに荒れる海の高波に挑戦するのか，死の危険のなかにあって怖くはないのかと問いかけたのに対して，ウィリアム2世は，それまで波間で溺死した国王はい

なかったであろうと豪語して，果敢に海をわたり，兵たちの救出に成功している。そのことが彼に生涯において最大の名声と最も輝かしい名誉をもたらした，という。(HH,HA, pp.446-7.)

これらのエピソードからは，俗人である国王が相手を威圧しているような態度がうかがわれるのであるが，見方によっては，われわれ現代人には虚勢とも見えて微笑ましく思われる。

ウィリアム2世は，教会改革に対して協力的であったとは言えないが，1094年2月にカンタベリー大司教アンセルムが会議の開催を要請したときの様子を，アンセルムの同伴者であったカンタベリー修道士で歴史家のエドマーが伝えている。(E,HN,pp.48-52; Bosanquet,HN,p.49; 山代『ノルマン征服』pp.71,274.) 国王は何のための会議を開催するのかと問い，大司教が教会改革のための方策を検討するためであると答えた場面である。筆者は，ウィリアム2世の上記のような性格ゆえに，かれが教会問題検討のための会議開催権は国王のものであるとして笑いとばした，と推測している。そうであれば，これも権力者の笑いと捉えることができるが，相手が自分の権利を侵害しようとしたときには，まず，それを笑って却下しようとするが，さらに同じ要請がくり返されるときには怒りへと発展する性格のものである。

(2) 兵士たち

中世の戦争に関する歴史叙述には，しばしば，聖職者たち

が味方の軍のために，神の加護を祈り讃歌を唱える事例が見られる。たとえば，歴史家ヘンリー＝オヴ＝ハンティンドンは，第1回十字軍に言及している箇所で，都市アンティオキアから戦場へと出て行く十字軍戦士たちのために，司教・司祭・下位聖職者・修道士といった祭服に身を包んだ各種の聖職者たちの一団が市壁上で神への讃歌を歌ったことを伝えている。(HH,HA, p.439.) 1066年ヘイスティングズの戦いにおいては，ノルマン軍のためにバイユー司教オドーやクータンス司教ジェフリーたちが，祈りによる戦いを行なったと描写されている。(Davis & Chibnall, GP, GG, p.124.) こうした敬虔な行動と対照的に，俗人たちの笑いの中には，包囲攻撃を受けている兵士たちが，城壁の上に並んで敵に対してお尻を見せる行為を行なうことで，相手をバカにして嘲笑している事例が見られる。戦場においても同様の行為を行なうことで，敵方への嘲笑を示す場合もあった。イーリー島での反乱鎮圧に際し，国王ウィリアム1世の軍に雇われた魔女が，反乱者ヘレワードの軍に対して呪いの言葉を発したり，嘲って尻を向けたりしている。(T.Bevis, *Hereward*. P.30.)

　ル＝ゴフは，歴史的研究対象として身体も取り上げているが，笑いと身体が緊密に結びついていることを主張している。笑いは身体において，あるいは，それを通じて表される現象である。そもそも，笑いが修道院で禁止されたり「法典化」が必要であったのは，笑いが身体と結びついていたからであるとする。身体は悪魔の道具と言われることもあるが，救済の道具でもあった。善悪は外的と内的の2つの源をも

つが，人間の身体においてフィルターの役割を果たしたのが顔の穴であり，笑いが生じるのを妨げねばならなかったのが「口のかんぬき」であった。笑いは内から出る最悪のものとみなされたので，嫌悪されたり禁止されたりしたというわけである。(Le Goff, pp.45-46.)

中世の笑いの多くは集団の笑いであったと言えそうであるが，その中には，封建的主君たちの話，多くは聞き手の笑いを誘うような英雄的行為や離れ業の自慢話が含まれていた。(Le Goff, p.49.)

ノルマンディー公ウィリアムは，ノルマン征服前にブルターニュに遠征したが，その際，ウィリアムの伝記作者であるウィリアム＝オヴ＝ポワティエは，敵対したブルターニュ人たちについて興味深い描写を行なっている。すなわち，ブルターニュ軍が強力な抵抗を示したことを強調しているのである。その人数が多かった。なぜなら，ブルターニュ人は子沢山であった。子供たちは武器と馬に専念し，畑を耕す者は少なく多くが戦士となった。それぞれの男は50人の子供をもち，その子供たちが好戦的で略奪をおこないながら狂ったように戦う戦士になったからである。それが可能であったのは，1人の男が野蛮な習慣にしたがって10人以上の妻をもっていたからであった。(WP,GG, pp.74-75.) もっとも，ブルターニュ軍の強さを強調することで，それだけウィリアムたちノルマン人の遠征が勝利におわったことを浮き上がらせる意図があったのかもしれない。いずれにしても，こうした誇張的表現とも言えるエピソードは驚きと笑いを引き

起こす。それは，現代でも，民族的偏見を含むエスニック＝ジョークのような性格の笑いとして位置づけることができるであろう。

　俗人にとっての笑いを問題とするときコミュニケーションとしての笑いが注目される。笑いは社会的構成とその機能や形態（modes）について語ってくれるが，さらにコミュニケーションをスムーズにする滑剤（skids）としての笑いでは，エロティック，わいせつ，卑猥といった要素が無視できない。(Le Goff, p.49.) 他方，中世の聖職者や説教者の中には聴衆の興味を引きつけるために笑いを利用する者も出てくる。(ヴェルドン，p.33.)

　ノルマン人たちのイングランド遠征に伴いノルマン兵士たちは長期間故郷を離れることになったが，そのことは種々の問題を引き起こした。ノルマンディーの修道士であった歴史家オルデリック＝ヴィターリスは，ノルマン女性たちに関して批判的だが興味深いコメントを行なっている。そのことは，現代にも通じるがゆえに笑いを引き起こす。もっとも，それは笑うには余りに深刻な問題であったのかもしれない。オルデリック＝ヴィターリスによれば，ノルマンの女たちが好色な欲望ゆえに，夫である諸侯たちの迅速な帰国をくり返し願った。もし彼らが全速力で帰らなければ，自分たちのために別の夫たちを取るであろうと。彼女たちはあえて男たちに合流することはしなかった。海を渡ることに慣れていなかったし，イングランドで彼らを捜し出すことは怖かったからである。そこでは男たちが毎日，武力侵略に従事し，両軍にお

いて多くの血が流されていた。主君であるウィリアム公は征服過程にあって諸侯たちのイングランドへの残留と支援を大いに必要とし，大きな報償を約束していた。男たちが陥った困難な状況は十分に理解できる。諸侯たちは王を見捨てて帰国すれば裏切り者として汚名を着せられ，帰国しなければ他の男たちに妻を寝とられてベッドを汚され恥辱の子供たちをもつことになる可能性があったからである。結局，ウィンチェスター周辺を治めていた Hugh of Grandmesnil やかれの義兄弟でヘイスティングズ城を保有していた Humphrey of Tilleul のような，少なからぬ諸侯たちが主君の期待に逆らって心重く帰国した。彼らの恐るべき妻たちの欲求にしたがうために帰国することで手放さざるを得なかった所領を，彼らやその子孫がその後回復することはできなかったのである。(OV, II, pp.128-221.) かれらにとって，こうした事態は笑い事ではすまなかったはずである。

　俗人の笑いとしては，都市民や農民たちについて史料から事例を抽出して検討することが望ましいが，ここではそのための用意がない。あくまで修道士や在俗聖職者による歴史叙述を主な対象としており，かれらについての，あるいはかれらを笑いの対象としたファブリオなどの作品は，もう少し後の時代のものである。ただ，既述したように，修道院や教会が笑いに対して嫌悪感を抱いていたとしても，一部の聖職者，さらに高位聖職者であっても，民衆と接するときにはしだいに笑いを取り入れるようになったようである。身分の低い聖職者の笑いはこれにあたるが，数世紀後には陽気さが

フランチェスコ会修道士の特徴となる。アッシジの聖フランチェスコは若い頃に武勲詩や騎士物語に熱中し，芸人や騎士になりたいと考えていたといわれるが，神と「会話」したのちも，神の栄光をたたえるために陽気な気質を大いに発揮したようである。(ヴェルドン，p.28.)

聖フランチェスコは「喜ばしき清貧」についてくり返し言及している。フランチェスコは「笑う聖人」と呼ばれることもあった。中世において，笑いは追放され遠ざけられており，許容されるようになるには時間が必要であった。笑いは悪魔の側にあり，それは悪魔の取り分であった。こうした時代的背景の中では，フランチェスコ会の笑いは例外的であったと言えるのかもしれない。(ル＝ゴフ『身体』p.105.)

4．首位権論争と笑い

笑いが時代的規制を受けながら表現されるものであったとして，逆に，笑いのもつ社会的秩序の維持機能を指摘することができるのではないか。人々は，一般的基準や社会的規範からはずれた行為が行われたときに笑う。笑われた側は，笑われることを避けるために，基準に戻ろうとする。非難ほど強くはないが，笑いは社会的規範の遵守を強制する機能をもっていたと言えるのではないか。この文脈からすれば，修道院において笑いが基準遵守のために用いられなかったのはなぜか。それは，笑いが修道院における基準からの逸脱を引き起こすことがあったからであり，その意味では笑いは両義性をもっていたと言えるのであろう。

12世紀に入ると従来の修道士出身の司教に対して在俗聖職者出身の司教が台頭してくる。それにともない，イングランドでは，司教ポストをめぐる熾烈な競争が引き起こされていく。1114年のカンタベリー大司教選出の際には，ソールズベリー司教ロジャーを中心とする在俗聖職者たちが，国王ヘンリー1世が推薦したアビンドン修道院長ファリティウスを嘲笑して候補から引きずり下ろすことに成功している。嘲笑の内容は，かれが女性（王妃マティルダ）に仕える侍医であり，尿検査や出産など女性の下の世話をしているというものであった。(山代『ノルマン征服』p.107.) そこには，王妃であるにもかかわらず女性に対する蔑視が見られるし，それと関連づけて彼女の侍医も貶められているのである。

　1070年ランフランクがカンタベリー大司教となってヨーク大司教に服従宣誓を要求することで開始された，イングランド教会の首位権をめぐるカンタベリーとヨークの間の首位権論争は，1120年代まで半世紀間続いた。そうした対立の中で，ヨーク大司教座教会の聖職者ヒューは，ヨーク教会史を叙述しているのであるが，かれのカンタベリー大司教に対する笑いは辛らつである。カンタベリー大司教ラルフは，肥満であって，中風の持病に苦しみ，馬に乗って旅行することも十分にできない。さらに宗教的用務でローマ教皇庁を訪問するにあたって，何でも手に入るローマで角笛を購入することを希望していたとして揶揄している。同行者であったノリッジ司教ハーバート＝ロシンガも，同様に角笛を買うと公言していた。現代人からすれば，司教が角笛を買うのは狩

猟の楽しみのためであり，そのことは微笑ましくもあるが，世俗的趣味を誇示しているわけであり笑いを禁じ得ない。そのため，ヒューの言うように神罰であったかどうかはともかく，ラルフは結局3回も病気になり旅行を中断せざるを得なかった（1116年ローマ，1119年ランス公会議，1121年ローマ）。(Hugh(1961), pp.49-50, 62-3, 107.)（山代『ノルマン征服』p.223.）首位権論争をめぐる対立のなかで，ヨーク側と比較してカンタベリー大司教が教皇の支持を得られなかった最大の理由は，効果的に教皇にアピールすることに失敗したからであった。人びとは，ヨーク大司教に対するカンタベリー側の要求が頓挫するたびごとに，カンタベリー側の要求が不正であると噂したのである。

　首位権論争中のローマ教皇庁におけるカンタベリー側の失態の最大のものが，偽造文書事件である。それは，1123年枢機卿たちを含めた会議において，カンタベリー側が自分たちに有利となるはずの，かつてローマ教皇グレゴリー1世からカンタベリーのアウグスティヌスへ送られたイングランドの2つの首都司教の分離に関する書簡を提示した際に起った。枢機卿の何人かが，その書簡にブル（印章）が付いていないことを疑問視して質問した。これに対してカンタベリー側は，原物ではなく写しを持参したと返答したが，印章か署名がなければ特権証書は有効ではないので，原物は印章をもっていることを誓うように求められた。かれらは別室に下がって相談したが，だれも自分たちの教会のために誓う者もなく，また，失われたはずの印章を偽造することも望まなかった。

それで，印章が壊れたか失われたと答えたのであるが，会議参加者のある者は微笑み，ある者は鼻で笑い，また他の者は大笑いした。鉛の印章が壊れたり失われたりして，羊皮紙が残ったのは奇蹟であるとしてからかったのである。また，カンタベリー側が，印章が最初から付いていなかったと釈明したのに対して，枢機卿のある者が，聖グレゴリーの古くからローマ教皇の書簡には印章が付されるのが通常であり，ローマ教会にはそうした特権証書が存在することを証言するに及んで，カンタベリー側は何も言わないで退かざるを得なかった。書簡偽造が明かとなるとともに，カンタベリー側とすれば面目丸つぶれといった事態であった。(Hugh, pp.114-5.)

首位権論争の初期において，カンタベリー大司教アンセルムが1102年ウェストミンスター教会会議を開催し，ヨーク大司教ジェラルドもそれに出席した。会議場で，ジェラルドは，自分の座る椅子の高さがアンセルムのそれよりも低いことに気付くと，自分が侮辱されたと感じて，そうした行動を取った人物をののしり，その椅子を蹴り倒したのである。そして，同じ高さの椅子が用意されるまで座ろうとはしなかったという事件が起こった。(Hugh, p.13.) この椅子の高さをめぐる騒動には，現代でも似たような騒動が見られるがゆえに筆者としては笑いを禁じ得ない。もっとも，それを単なる大人気ない行為と笑って片づけるべきかどうかは疑問である。それは，ヨーク大司教ジェラルドに関するこのエピソードがヨーク教会の聖職者ヒュー自身によって紹介されているからであり，むしろヨーク大司教ジェラルドの行為は，ヨー

ク側の誇りを最後まで全うしたものとして高く評価されるべき行為として受け取られることを意図して記述されたかもしれないからである。

5．性的スキャンダルと笑い

　中世イングランドの歴史叙述において司教のような高位聖職者の性的スキャンダルが紹介されている場合，それは失笑や嘲笑を誘うとしても，修道士である歴史家が意図していたのはそうした笑いから教訓を得ることであったのではないか。すなわち，修道士や聖職者の行動のための反面モデルとして捉えられていたのであろう。

　世俗的な悪しき行為の典型としてロンドン司教モーリスの性的スキャンダルがある。彼は他の喜びにおいては自制的であったが，女性たちとの性的交わりでの放縦な愛においては司教にふさわしくないほどであった。かれの医者たちによって処方された治療方法は，体液の放出によってかれの身体の健康を維持することである，といった噂が消えなかった。筆者としては，それは笑いの対象であったとみなしたいが，歴史家ウィリアム＝オヴ＝マームズベリーは，そうした行為によって，モーリスは身体の危機から逃れるために魂の危機を招来していると真剣に述べているのである。(WM,GPA, I, p.231.)

　ヒルデガルト＝フォン＝ビンゲンによると，笑いは悪魔の特徴であった。原罪以前に笑いは存在せず，原罪は最初の人間が享受していた喜びを破壊してしまった。悪魔の笑いが有

害なのは，人間に意味のない音を出させて人間を動物のレベルに落とすからである。そればかりか，笑いは体液（血，胆汁，粘液，黒胆汁）の変性を引き起こし，それらの体液のバランスが崩れると病気が生じるとみなされた。（ヴェルドン，p.23.）病気が体液のバランスにより左右されるとしても，女性との交わりが健康維持に有効であるとする弁明には笑いを禁じ得ない。

ウィリアム2世に始まりヘンリー1世の宮廷でも，当時のノルマン騎士として理想とされた男性像から逸脱した姿や不敬な行為といったスキャンダルが多く言及されている。（山代『女と男』）とくに男色は，ヘンリー1世の息子や他の重臣や若者たちを死亡させた1120年のホワイトシップ難破事故の原因であったと見なされ，その事故は神罰であったと解釈されたのであった。(HH.HA, pp.466-7.) つま先で気取って歩く宮廷の「女っぽい男たち」が嘲笑の対象であったとしても，男色となると嘲笑あるいは非難だけではすまない重大な結果を引き起す行為であるとみなされたようである。

司教だけでなくローマ教皇使節も嘲笑の対象になった。イングランドでの教会改革を推進するための1125年9月ウェストミンスター教会会議において中心的な役割を演じた教皇使節ジョン＝オヴ＝クレマが，こともあろうに性的スキャンダルを引き起こしたのである。彼は，会議において妻帯聖職者を厳しく批判した。売春婦のそばから起き上がりキリストの身体をつくり（ミサ）に行くことは最大の罪である，と。しかし，かれがミサを執り行ったまさにその日の夜に，かれ

が女性とベッドを共にしているのを発見されてしまった。歴史家であるリンカーン司教区の大助祭ヘンリー＝オヴ＝ハンティンドンは，恥をかいて，ほうほうの態でイングランドから逃げ出した改革推進者本人の欺瞞性を笑っているのである。(HH,HA, pp.472-5; Barlow, 1066-, p.85; 山代『ノルマン征服』p.280.) それとともに，ヘンリー＝オヴ＝ハンティンドンが，同じ大助祭であった父親の妻帯によって生まれており，また，自分も妻帯していたこと，さらに，妻帯を禁止する改革がイングランド聖職者の既存の状態に馴染まない「新奇なもの」であるとして批判的に受け止めていたことを忘れてはならない。(HH,HA, p.234; 山代『ノルマン征服』p.279.)

　ローマ教皇庁発の教会改革運動に見られた画一的（普遍的）価値体系からすると，妻帯聖職者が多いといったイングランド固有の実情は地方的偏差ということができ，それは笑いの対象になる可能性があった。しかし，それを糾弾すべき立場の教皇使節自身が同様の行為を行い，笑いの対象になったことは皮肉としか言いようがない。

おわりに

　笑いやジョークは，それらが生じる時代や文化的背景がわからないと理解が困難なことが多い。その意味では，逆に，笑いを手がかりにして中世的時代背景を読み取ることができるのではないか。本稿で検討してきた中世イングランドの事情と他地域の状況とでは，異同の両方が考えられる。中世イ

ングランド的状況としては首位権論争や司教ポストをめぐる修道士と在俗聖職者との対立，あるいは他地域出身のローマ教皇使節の主導する教会改革への反発などがあり，それらが原因となって笑いが引き起こされている。他方，共通した面としては，戦争における笑い，支配者である国王の笑い，そして，兵士たちの笑いの存在などがある。

ル＝ゴフは，中世ヨーロッパにおける笑いの歴史についての暫定的まとめであると断りながら，年代的に概観している。まず，第1期の4〜10世紀には，笑いが抑圧あるいは窒息させられていた。そして，笑いと夢とは並行した関係にあり，夢についても抑圧と窒息が認められるとする。なぜ笑いが抑圧されたのかと言えば，悪魔的笑いが人間を魅了するからであった。そうした笑いは，修道院内の修道士的笑いと対極に位置づけられるものであった。(Le Goff, p.50.)

ついで，第2期の11〜14世紀は，笑いが，むしろ管理されることを通じて，次第に解放されていった時代である。笑いを規制することが可能となり，宮廷では笑いの「順化」が引き起こされていった。13世紀以降は，スコラ学的笑いの確立期また「笑いの法典化」の時代でもあった。だれが笑い，どのような笑いが許されているのかが論じられた。聖王ルイは，いつ，どのように笑いあるいは泣くのかに関心をもっていたという。

快活な笑い (hilaris) は顔に表れ，現在の笑い顔 (a laughing face) に一致するものであったが，ル＝ゴフによると，11世紀の証書の中には「笑う寄進者」(smiling donor, hilaris dator）という表現が見られるという。その場合には，寄進することが期待されており，そうした期待にやむなく従った寄進者は笑い顔をつくっていた可能性が大きいのである。既述したように，笑いはアシジの聖フランチェスコの属性であり，かれの聖性の現れ（manifestations）であるとみなされたが，極端な事例もあった。1220／23年にイングランドへフランシスコ会士が到着したときの話が伝えられている。若い修道士たちは，フランチェスコ戒律を余りに念入りに適用しようとしたために大声での狂ったような笑いへと陥ってしまったという。(Le Goff, p.50.)

第3期として，ル＝ゴフは，ロシアのミカイル＝バクーティン（Mikhail Bakhtin）にしたがって，拘束のない笑いの時代を想定しているが，バクーティンが中世は教会が笑いを支配した悲しみの時代であり，ルネサンスが笑いを解放したと主張していることには議論の余地があるとする。また，バクーティンが都市と公的領域を結びつけ，笑いが起こるのは公的領域であるとしている点でも，それでは農民の笑いは存在しなかったのかと疑問を呈している。しかし，いずれにしても，ル＝ゴフは「笑いの文化」という概念が重要であり，文化的・社会的行動の中での笑いの重要性を再発見することができると総括するのである。(Le Goff, pp.51-52.)

中世イングランドにおいて，キリスト教が，たしかに笑いを規制していたと言えるとしても，司教座教会や修道院のなかに笑いを見いだすことは可能である。たとえば，ガーゴイルやミゼリコッドといった彫刻や柱頭の彫像の中には，現代

人の笑いを引き起こすものがある。ミゼリコッドの事例として，尿器をもつ猿が彫られて医者をからかっていたり，また，夫婦喧嘩が描かれて妻が夫をなぐっていたりする。(Hayman, *Church Misericods*, pp.10-12.) 教会のグロテスクのなかにも笑いを誘う像が見られる。(ヴェルドン，pp.57-62.)

そうした彫刻を見て，現在人（筆者）がほほえましく感じる理由は何なのであろうか。それらの彫像は，素朴さ，あるいは自然らしさを示している。教会や修道院といった敬虔な宗教的施設において，一見して，そこにふさわしくないと考えられる彫像に出会うとき，筆者は驚くとともに微笑みを覚える。

ル＝ゴフは，笑いは社会的行為であり，コード，儀式，役者，劇場をもっているとした。笑いは，笑う者と笑われる者，そして場と観客をもっているのである。その意味では，中世的な条件あるいは背景を示していると言えそうである。しかし，それにもかかわらず，筆者は，本質的には，中世と現代とに共通なものとして，人間としての微笑み，揶揄，非難，中傷，嘲笑，驚きが引き起こす感情（そのひとつが笑い）などは同じであると考えたい。本稿において検討してきたように，それらは中世イングランドにおいても見ることができる。ただ，現実には，宗教等の社会的規制の影響もあって，笑いの表現形態における相違が生まれたのであろう。

文献目録

Barlow, F., *The English Church 1066-1154.* London, 1979.

Bates, D.,*William the Conqueror.* London, 1989.

Bevis,T., *Hereward of the Fens (De Gestis Herwardi Saxonis).* March, Cambs., 1995.

Bosanquet, G. trans., *Eadmer's History of Recent Events in England.* London, 1964.

Chibnall, M. ed., *The Ecclesiastical History of Orderic Vitalis,* Vol. II. Oxford, 1968.

Chibnall, M., *Anglo-Norman England 1066-1166.* Oxford, 1986.

Clanchy, M.T., *From Memory to Written Record: England 1066-1307.* London, 1979.

Darlington, R.R., *Anglo-Norman Historians.* London, 1947.

Davis, R.H.C. & M.M.Chibanall ed., *The Gesta Guillelmi of William of Poitiers.* Oxford, 1998.

Forester, T. trans., *The Chronicle of Florence of Worcester.* NY, 1968 (1854).

Giles, J.A. ed., *William of Malmesbury's Chronicle of the Kings of England.* New York, 1968 (1847).

Greenway, D. ed, *Henry Archdeacon of Huntingdon: Historia Anglorum.* Oxford, 1996.

Greenway, D. trans., *Henry of Huntingdon, The History of the English People 1000-1154.* Oxford, 2002.

Gransden, A., *Historical Writing in England c.550-c.1307.* London, 1974.

Gransden, A., "Baldwin, Abbot of Bury St Edmunds, 1065-1097," *Anglo-Norman Studies*, 4 (1981).

Hamilton, N.E.S.A. ed., *Willelmi Malmesbiriensis Monachi De Gestis Pontificum Anglorum*.(RS 52) London, 1964 (1870).

Hayman, R., *Church Misericods and Bench Ends.* Aylesbury, Bucks., 1989.

Johnson, C. trans., *Hugh The Chantor, The History of the Church of York 1066-1127.* London, 1967 (1961).

Johnson, C., M.Brett, C.N.L.Brooke & M.Winterbottom ed., *Hugh The Chantor, The History of the Church of York 1066-1127.* Oxford, 1990.

Le Goff, J., "Laughter in the Middle Ages," in J.Bremmer & H.Roodenburg ed., *A Cultural History of Humour.* Cambridge, 1997, pp.40-53.

Magdalino, P.ed., *The Perception of the Past in Twelfth-Century Europe.* London, 1992.

Mynors, R.A.B., R.M.Thomson & M.Winterbottom ed., *William of Malmesbury: Gesta Regum Anglorum*, 2 Vols. Oxford, 1998-99.

Potter, K.R. ed., *Willelmi Malmesbiriensis Monachi Histiria Novella.* London, 1955.

Rose, M., *The Misericords of Norwich Cathedral.* Dareham, Norfolk, 2003 (1994).

Smalley, B., *Historians in the Middle Ages.* New York,1974.

Smith, J.C.D., *Church Woodcarvings: A West Country Study.* New York, 1969.

Stubbs, W. ed., *Willelmi Malmesbiriensis Monachi De Gestis Regum Anglorum*, Vol.II. (RS 90) London, 1964 (1889).

Thomson, R.M., *William of Malmesbury.* Woodbridge, 1987.

Whitelock, D. et al. ed., *The Anglo-Saxon Chronicle.* London, 1961.

Winterbottom, M. ed., *William of Malmesbury: Gesta Pontificum Anglorum*, Vol. I. Oxford, 2007.

P-Y. バデル著, 原野昇訳『フランス中世の文学生活』白水社, 1993.

H. ベルグソン著, 林達夫訳『笑い』岩波文庫, 1991 (1938).

H. コルミエ著, 猪原英雄訳『イエスのユーモア』中央出版社, 1993 (1992).

E.R. クルツィウス, 南大路振一・岸本通夫・中村義也訳『ヨーロッパ文学とラテン中世』みすず書房, 1985 (1971).

橋口倫介「中世年代記に見られる十二世紀精神―オルデリクス=ヴィタリスをめぐって―」『上智史学』21 (1976) pp.1-19.

林健太郎・澤田昭夫『原典による歴史学入門』講談社, 1982.

飯沢 匡『武器としての笑い』岩波新書, 1995 (1977).

上智大学中世思想研究所編『中世の歴史観と歴史記述』創文社, 1986.

兼岩正夫『西洋中世の歴史家―その理想主義と写実主義―』東海大学出版会, 1964.

加島祥造『アメリカン・ユーモア』中公文庫, 1990.

宮田光雄『キリスト教と笑い』岩波新書, 1992.

J. ル＝ゴフ著，池田健二・菅沼潤訳『中世とは何か』藤原書店，2005.

J. ル＝ゴフ著，池田健二・菅沼潤訳『中世の身体』藤原書店，2006.

J. モリオール著，森下伸也訳『ユーモア社会を求めて―笑いの人間学―』新曜社，1995.

織田正吉『笑いとユーモア』ちくま文庫，1986.

R.W. サザン著，大江・佐藤・平田・渡部共訳『歴史叙述のヨーロッパ的伝統』創文社，1977.

ジャン・ヴェルドン著，池上俊一監修『図説 笑いの中世史』原書房，2002.

山代宏道「中世イングランドにおける修道士と在俗聖職者」『史学研究』138(1977)pp.25-40.

山代宏道「中世イングランド教会と首位権論争（上・下）」『広島大学文学部紀要』49・50（1990-91）.

山代宏道「アングロ＝ノルマン期の歴史家たち」『史学研究』205 (1994), pp.45-62.

山代宏道「ノルマン征服とウィリアム＝オヴ＝マームズベリー」『広島大学文学部紀要』54 (1994), pp.155-171.

山代宏道『ノルマン征服と中世イングランド教会』1996, 溪水社.

山代宏道「ノルマン征服と異文化接触」『中世ヨーロッパに見る異文化接触』（共著者：原野昇，水田英実，山代宏道，地村彰之，四反田想。溪水社，2000) pp.85-125.

山代宏道「ノルマン征服とバイユー＝タペストリ―歴史叙述と図像資料―」『西洋史学報』29（2002）pp.1-21.

山代宏道「バイユー＝タペストリーにみる文化的多元性」『中世ヨーロッパ文化における多元性』（共著者：原野昇，水田英

実, 山代宏道, 地村彰之, 四反田想。溪水社, 2002) pp.7-44.

山代宏道「ノルマン征服をめぐる「危機」の諸相」山代宏道編『危機をめぐる歴史学―西洋史の事例研究―』(刀水書房, 2002) pp.209-227.

山代宏道「中世イングランドの多文化共生―「グローバリズム」と「ローカリズム」―」『中世ヨーロッパと多文化共生』(共著者：原野昇, 水田英実, 山代宏道, 地村彰之, 四反田想。溪水社, 2003) pp.7-42.

山代宏道「中世ヨーロッパの旅―騎士と巡礼―」『中世ヨーロッパの時空間移動』(共著者：原野昇, 水田英実, 山代宏道, 中尾佳行, 地村彰之, 四反田想。溪水社, 2004) pp.7-45.

山代宏道「中世イングランドにおける排除と寛容―教会改革運動とノリッジ―」『中世ヨーロッパにおける排除と寛容』(共著者：原野昇, 水田英実, 山代宏道, 中尾佳行, 地村彰之, 四反田想。溪水社, 2005) pp.33-66.

山代宏道「中世イングランドにおける生と死―聖人・治癒・救済―」『中世ヨーロッパにおける死と生』(共著者：水田英実・山代宏道・中尾佳行・地村彰之・四反田想・原野昇。溪水社, 2006) pp.9-39.

山代宏道「中世イングランド司教の統治戦略―ハーバート＝ロシンガを中心に―」『広島大学大学院文学研究科論集』66巻 (2006), pp.47-65.

山代宏道「アングロ＝ノルマン期イングランドにおける女と男」『中世ヨーロッパにおける女と男』(共著者：水田英実・山代宏道・中尾佳行・地村彰之・原野昇。溪水社, 2007) pp.41-73.

No 1 : ふいごを悪魔の尻にあてて追い払う修道士（Hayman, p.2.）

No 2 : 尿瓶をかかげる猿としてからかわれる医者（Hayman, p.23.）

中世イングランドにおける笑い　79

No 3：ひしゃくで夫をなぐろうとする妻（Hayman, p.24.）

No 4：おかしな顔で相手を笑わせる競技, 1436 年頃（Smith, p.11.）

フランス中世文学にみる笑い
— 笑いの社会性 —

原 野 昇

1. 笑い

　ある人が道を歩いていて，石か何かにつまづいて転んだとする。それを目撃した人の内部においては，その光景（視覚刺激）に対する何らかの反応が生じる。その一つとして，笑うという行動となって外に現れる場合がある。しかし，転んだ人を見たら，だれでもいつでも笑うとは限らない。よぼよぼのお婆さんがゆっくり歩いていて転んだのか，式典などで衆目が注視している人物が壇上に向かうときに転んだのかなど，転んだ人自身の様子，転ぶ前の歩き方，その場の状況，などさまざまな要素が作用する。

　人間は自己を取り巻く世界を認識しようと努力する。その際に発揮される能力が，知覚した現象を分類し整序することである。その一つが概念形成であり，言語能力である。例えば「りんご」という名詞は，色も大きさも味も異なる現実の千差万別のりんごの特殊性，個別性を捨象して，共通性，一般性，普遍性を抽象した概念である。「歩く」という動詞も同様である。それらの概念は，個人個人によって異なると

同時に，ある言語集団に属する個人間にあっては多くの共通性，普遍性を指摘できるのも確かである。個人において「りんご」の概念が形成されていく過程には，周りの人間とのコミュニケーションの意図のもとに，周りの人間の「りんご」の概念と共通のものとして形成されていくからである。したがってことばとして確立している概念には，必ず集団的，社会的側面がある。

「歩く」「進む」「つまづく」「転ぶ」などの語に関して，集団内において共通性，一般性が形成されており，その集団の構成員によって共有されている。すなわち，「歩く」あるいは「進む」主体は，目的地へ「到達し」て「止まる」か，何らかの理由で「立ち止まる」か，あるいは目撃者の視界から消えるまで，つまづいたり転んだりすることなく遂行されることがひじょうに高い確率で出現するのである。したがって，つまづいたり転んだりすることに出会うのは稀である。そのこと自体によって，転ぶ人を目撃することは稀少体験であり，目撃者にとっては新鮮な刺激である。

確率だけの問題ではない。歩く主体が何らかの理由で止まるか，目撃者の視界から消えるまで，つまづいたり転んだりすることなく遂行されることは，歩く主体の所期の目的達成，首尾のよい行動，すなわち成功である。それに対し，転ぶことは，歩く主体の意に反して生じた事態であり，主体にとっては不首尾，失敗である。このことが笑いを引き起こす大きな要因である。

成功―失敗，首尾―不首尾，は社会的概念である。すなわ

ち，その集団内の共通の価値判断に基づいている。笑いが社会的であるのも，そのことに由来する。以下においては，笑いが社会的であるということに基づいて，フランス中世に時代と地域を限定して，その特徴をみていくと同時に，時代と地域を越えた普遍性をも視野に入れて考察していく。

　芸術は，作者が鑑賞者を意識した表出活動であり，鑑賞者に対する意図的な働きかけである。文学はそのなかで，言語活動を通した働きかけである。その活動において，上記のような笑いを引き起こす状況を，あえて意図的に作り出すことがある。鑑賞者の笑いを引き起こすことを目的とした文学作品や作品の一部である。

　そこでフランス中世文学を例にとり，読者／聴衆に笑いを引き起こそうと強く意図された作品にはどのようなものがあるか，それらは笑いを引き起こさせるためにどのようなテーマを用いているか，そのようなテーマはなぜ選ばれたのかを，時代背景，当時の社会状況などとの関連で，すなわち笑いの社会性という視点からみていきたい。

2.『シャルルマーニュのエルサレム巡礼』

　最初に『シャルルマーニュのエルサレム巡礼』という作品における笑いについて考察する。パリを出発したシャルルマーニュの一行はエルサレムに到着する。さらにエルサレムを発ってコンスタンチノープルに到着する。そこでユゴン王の宮殿で歓待され，ぶどう酒を飲み過ぎたため，シャルルマーニュの一行はほら吹き合戦を始める。ほらを吹く様子が

描かれているのはシャルルマーニュを先頭に，12人の臣下の合計13名である。そのほらの内容は以下のようなものである。

シャルルマーニュ：ユゴン王が立派な（純金の柄頭のついた）剣を貸してくれるなら，その剣で，ユゴン王の家来が二重の兜，二重の鎧を身につけていようと，一撃のもと，その二重の兜を割り，二重の鎧を切り裂き，詰め物入り鞍，軍馬を切り通し，剣は大地に深く突き刺さしてみせる。

ロラン：角笛を吹いて，その強風で，城門も要塞も倒してみせる。どんなに重い銅も鋼もその強風でぶつかり合い，ユゴン王が首に巻いた毛皮も背中の外套もその風で奪い，顎髭も引き抜いてみせる。

オリヴィエ：ユゴン王の娘と1晩に100回交わってみせる。

チュルパン大司教：全速力で疾走中の3頭の馬の，右から3番目の馬に飛び乗り，4つのリンゴを空中に放り投げ，1つも落とさずにつかんでみせる。

ギヨーム：宮殿の1室にある，30人がかりでも持ち上げられない巨大な玉を，片手で掴み取り，宮殿の壁に投げつけ，壁を400トワーズにわたって破壊してみせる。

オジエ：ユゴン王の宮殿は，風が吹くと宮殿全体が回転する仕組みとなっている（メルヴェイユー），その宮殿を支える柱をへし折ってみせる。

ネーム侯：騎馬で戦い，どんな鎖鎧でも，麦わら同然に切り落としてみせる。

ベランジェ：王の家来のすべての剣を，切先を天に向け，

地中に差した所へ，一番高い塔の上から飛び降りよう。刃は毀れ，剣は折れるが，自分はかすり傷一つ負わないだろう。

ベルナール：町を流れている川を溢れさせ，洪水を起こさせ，町中を水浸しにしてみせる。

エルノー・ド・ジロンド：大鍋に鉛を溶かし，その中に身を沈め，固まらせた後，一ゆすりして，その鉛を粉々に壊してみせる。

アイメー：頭に珍しい被り物をつけ，食事中のユゴン王の魚を失敬し，蜂蜜酒を飲み，後ろから王を殴りつけ，頭を食卓にぶつけさせ，顎髭を引き毟ってみせる。

ベルトラン：松の木のてっぺんから，楯3枚を持って，飛び降りざまに大声を出す。すると森じゅうの動物全部が驚いて逃げ出すだろう。

ゲラン：塔のてっぺんの大理石の柱の上に，ドニエ硬貨2枚を置き，1里離れた所から槍を投げ，その1枚だけに命中させよう。

これら13人のほらのうち，ネーム侯のそれは最も平凡で，ほとんどほらになっていない。チュルパン大司教のものも，馬の曲乗りで，訓練した軽業師なら実現可能なものであろう。アイメーのそれは，ほらというより滑稽ないたずら自慢と言ってよいだろう。

シャルルマーニュ，ギヨーム，オジエのそれは力自慢の誇張である。その誇張が途方もなく膨大で，非現実的な空想であるところに笑いを誘う要素がある。ちなみに，オジエが自慢している力自慢は，ユゴン王の宮殿は，海から風が吹くと

全体がゆっくり回転するしかけになっている，という描写に呼応している。これはギリシアやラテンの作品を題材にした古代ものと呼ばれるフランス中世の物語（ロマン）によく出てくる驚異（メルヴェイユー）の一つである。

　ロランとベルトランのほらも，角笛を吹く力の強さや大声を出す力の自慢と位置づけることができる。ベルトランの場合は，大声を出すことによって何匹かの動物が逃げ出すことはありうるので，森じゅうの動物としたところに誇張があるのみである。松の木のてっぺんから飛び降りざまに，というのも声を森じゅうに轟かすためであり，それほど大きな笑いの要素にはなっていないであろう。それに対しロランのほらは，角笛を力強く吹くことによって大きな音を出す様を，それにともなう風の強さに置き換え，その風力で城壁が壊れるとしたところに発想の奇抜さがあり，笑いを誘う要素となっている。

　ゲラン，ベランジェ，エルノー・ド・ジロンドのそれは大道芸人などの奇術などにはありそうな，あるいはその延長線上にありそうにもみえる。しかしよく考えれば人間業としてはあり得ないものであり，ほらとして笑いを誘い得る。

　ベルナールのほらの川をあふれさすというのは，地理によっては，上流のある地点の土手を決壊させれば実現可能かも知れないが，その発想において，騎士が吹くほらとして異質なものである。

　ベルナールの知恵自慢とも言えるほらとアイメーのいたずら的な自慢とは，他の者たちのほらとは異質と言える。そ

れは他の者たちのほらが広い意味での力自慢，すなわち自分の身体能力を過大に誇張して言っており，そのことは騎士たる身分と密接な関連がある。それに対し，これら2人のほらは，そのような身体能力とは関係がないからである。

　そのような視点から言えば，そのほらの異質性の最たるものがオリヴィエのほらである。精力絶倫という意味では，男性である騎士たちのほらとして，身体能力の自慢として同列とみなすことも可能かも知れないが，敵を倒すために備えておかなければならない戦闘能力に関連する力自慢ではないという意味で，他のほらとは異質なものと言ってよかろう。特に，男女の夜の秘め事といった，武勲詩では取り扱われていない題材を導入している点で，最も意表をつくものである。すなわちこの作品において，登場人物としてシャルルマーニュとその一行が設定されており，彼らの行いが語られている，ということ自体のなかに，すでに聴衆／読者に，騎士の活躍ぶりといった表の面の描写を期待させるものがあるのである。それは酒に酔ったあげくのほら吹き合戦にあっても，オリヴィエ以外のほらにあっては，ほぼ期待を裏切らない範囲内とみなすことができる。しかるにオリヴィエのほらにあっては，騎士の生活の裏の面を正々堂々と表明したという点で，まさに意表をつくものである。意表をつかれると同時に笑いも誘う。後でみるファブリオの世界と言っても過言ではない。

　シャルルマーニュ一行のほらを，ユゴン王が忍ばせていた間者が壁の陰ですべて聞いていた。翌朝間者の報告を聞いた

ユゴン王はシャルルマーニュを難詰する。シャルルマーニュは、大飲して酔っぱらったあと、寝る前にほら吹き合戦をするのはフランスの習慣だと言い訳し、臣下たちが言ったことが大ほらかどうか実際に試させてほしいと提案する。ユゴン王も同意し、言ったことが実現するかどうか試すことになる。試してみると、次々に言った通りに実現するので、3人まで試したところで、ユゴン王はシャルルマーニュ一行の前夜の所業を水に流し、二人は和解するのである。その実現した3人のほらは、ベルナール、ギヨーム、オリヴィエ（試された順番はこの逆で、オリヴィエ、ギヨーム、ベルナールの順）のものである。

ベルナールの言った通り、川があふれ町じゅうが水浸しになり、また水が引くのであるが、それは天の神の奇蹟によって川があふれ、また奇蹟によって水が引いた、と描写されている。ギヨームは30人がかりでも持ち上げられないくらいの重い玉を、片手でやすやすと持ち上げ、それを壁にぶつけ、壁を40トワーズも粉々にしたのであるが、それも人力によるものではなく神通力によるものであったと表現されている。

ところが、一番最初に試されることになったオリヴィエの場合は、次のように描かれている。

> オリヴィエはベッドに入り王の娘を
> 引き寄せ、三回口づけをしました。
> 彼女はおとなしくしていました。彼はやさしく言います。
> 「そなたは王の娘にふさわしく美しい。

興じてほらは吹いたが，何も心配しないでいい。
本気で欲望を満たすつもりなどないのだから」
「殿，どうぞご慈悲を。
貴方に辱められたら，二度と喜びをもつことはないで
しょう」
「お嬢さん，お望みどおりにしましょう，
もし父王に対して私を援護してくれるなら
ほかの女性ではなく貴女を妻としましょう」
彼女は礼儀正しく約束しました。
朝，夜が明けると王が来て
娘と二人きりになり言いました。
「娘よ，彼は本当に百回したのか」
「はい，父上」
『シャルルマーニュの巡礼』vv.714-729

　このように，ほら吹きの場面の口調とはうってかわって，宮廷風騎士物語を思わせる描写である。ほら吹きの場面におけるオリヴィエのせりふでは，ユゴン王の娘はひとりの人格ではなく，単なる女として扱われていた。それに対しこの場面では，王の娘が一人の女性としてオリヴィエと対等に向き合っており，まさに宮廷風恋愛の場面として描かれている。『シャルルマーニュの巡礼』という作品が，形式的にはシャンソン・ド・ジェストの形式でありながら，内容的にはさまざまな要素が取り入れられており，そのこと自体がこの作品の特徴となっている。

　以上のように，13人のほらのうち大多数は，力自慢など，そのほらの種類は騎士のほらとして違和感なく受け入れられ

るものであり，そのほらの具体的な内容がけたはずれなものとなっている。それに対し，ベルナール（川をあふれさす），アイメー（いたずら的），オリヴィエ（一晩に100回）のほらは，具体的な内容もさることながら，そのほらの範疇がそもそも騎士の吹くほらとしては違和感を与えるものである。その違和感はほらの社会性に基づくものであり，そのことが笑いを誘うとすれば，笑いの社会性に結びつく。ただし，ある描写や奇術が笑いを引き起こすか否かは，受け取り手（聴衆や読者）にもよることである。

　そのような枠組みがかもし出す違和感に関して言えば，この『シャルルマーニュの巡礼』という作品の形式，登場人物，内容，叙述の調子などにみられる不調和の問題がある。

　まず形式の面から言えば，この作品は一行12音綴，合計870行からなるが，54の詩節に分かれており，1詩節の行数は不定で，1詩節内では行末に必ず同一の強勢母音が用いられている。このような韻を半諧音（母音押韻）といい，シャンソン・ド・ジェストに特徴的な詩形である。

　登場人物で言えば，すでにみたようにシャルルマーニュとその一行であり，武勲詩に登場する面々である。

　ところがその内容と叙述の調子は，すでにみたように武勲詩のそれではなく，武勲詩を期待した聴衆／読者には肩すかしをくらわすものである。この形式，登場人物，内容，叙述の調子などの不調和に起因する肩すかしは，直接笑いを誘うものではないにしても，笑いを誘発する素地とはなっている。

ここで「シャンソン・ド・ジェスト」と「武勲詩」という語を使い分けた。シャンソン・ド・ジェストは，英雄の戦いにおける武勲のみでなく，主人公である騎士たちの行なったことを歌ったものであり，「事績の歌」と訳してもいいものである。シャンソン・ド・ジェストのなかには『ロランの歌』のような武勲詩もあれば，『シャルルマーニュの巡礼』のような作品も含まれる。

巡礼のテーマ

　『シャルルマーニュの巡礼』の形式や登場人物と内容の不調和として，巡礼のテーマを指摘できよう。タイトルに「シャルルマーニュの巡礼」とあるが，これは近代の研究者が便宜的に付けたもので，写本そのものにはタイトルは付されておらず，写本の冒頭，本文が始まる前に，次のような朱見出しが書かれているのみである。「ここから，フランスのシャルルがどのようにしてエルサレムへ行ったか，またどのようにして妃の言った言葉が原因でユゴン王に会うためにコンスタンチノープルまで行ったか，についての書が始まる」。しかしシャルルマーニュ一行の旅が巡礼行であることは本文テクストでしばしば言及されているので，作品のタイトルを『シャルルマーニュの巡礼』とすることに，特に問題があるわけではない。たとえば，シャルルマーニュは出発前に次のように言っている。

　　王は言いました。「皆の者，よく聞いてくれ。
　　神のみ旨に添うなら，遠い国，主なる神の地

> エルサレムに行って,
> 十字架と聖墳墓を崇めてきたいと思う。
> わしはそのような夢を三度見た。それでぜひとも行かね
> ばならない。　　　　　　　　　　　　　　　(68-71 行)

　また, 一行の旅支度に関しても, 巡礼者の必需品である巡礼杖と頭陀袋を持って出発している。

> 彼らは楯も槍も鋭い剣も持たず,
> とねりこの棒の先に鉄をはめ, 頭陀袋を結び付けた杖を
> 持った。　　　　　　　　　　　　　　　　　(79-80 行)

　また, シャルルマーニュは 8 万人の騎士を従えて旅に出発し, 一行全体が見える平原に出たとき, 次のように言っている。

> 見よ, 何と多くの見上げた巡礼者の群れか。
> 先頭を行くのは八万人の一行だ,　　　　　　(95-96 行)

　このように, シャルルマーニュ一行の旅が巡礼行であると説明されている。しかし問題は, シャルルマーニュ一行が巡礼に出発するにいたるきっかけや動機である。

> ある日シャルルマーニュはサン・ドニの教会に行きました。
> 居並ぶ諸侯, 諸伯の面前で
> 王冠をつけ, 額に十字を切り,
> 柄頭に純金を填めた剣を佩きました。
> シャルル皇帝は妃を見やり
> いとも豪華な冠を授けました。
> オリーヴの枝を持つ彼女の手をとり

大きな声で言いました。
「頭にこれほど立派な冠を戴き，これほど立派な剣を
佩いた者を今までに見たことがあるか。
わしはこの我が剣でまだまだ城市を征服するつもりだ」
妃は分別をわきまえず，愚かにも答えました。
「陛下，自惚れが過ぎます。
私はもっと素晴らしい人を知っています。
騎士たちの前でその人が頭に冠を戴けば
陛下よりももっと輝いています」
これを聞いたシャルルマーニュは立腹し
騎士たちにも聞かれて面目丸つぶれでした。　　　（1-18行）

　シャルルが本気で怒っているのを見た妃は失言を後悔し，冗談で言っただけだと謝るが，シャルルは納得せず，とうとうそれがコンスタンチノープルのユゴン皇帝だということを聞きだし，ユゴン王に会いに行くことを決心するのである。その後で，先に引用したように，臣下に向かってエルサレムへの巡礼行を宣言したのである。したがって，エルサレム巡礼に出発するというのは，ユゴン王に会いにコンスタンチノープルに行くという本当の理由を隠すための表向きの理由，いわば言い訳として利用されているとも言える。一行はエルサレムに到着すると聖墳墓教会に行き，聖骸布をはじめとするさまざまな聖遺物を拝領し，四か月間エルサレムに滞在するが，シャルルは妃の言ったことばを思い出し，コンスタンチノープルに向けてエルサレムを後にする。
　コンスタンチノープルのユゴン王の宮殿でのほら吹き合戦

があり，その翌日ユゴン王の前で，昨夜のほらが次々と実現していくので，ユゴン王はシャルルマーニュに言う。

> 「誓って言うが，神が汝に味方しているのがよく分かった。
> 汝の臣下となろう。汝から封土を受けよう。
> 全財産をフランスまで持って行って献上しよう」
>
> (796-798 行)

シャルルマーニュの提案で，二人の王はお互いに王冠を戴く。これを見たシャルルマーニュの臣下たちは口々に言う。

> 「シャルルの妃の言ったことは間違っていた。
> シャルルは武勇この上なく
> われらは栄光に包まれて堂々と帰還するであろう」
>
> (813-815 行)

> 「われらの妃は愚かなことを言ったものだ。
> ユゴン王の武勇をわれらの王以上に買いかぶるとは」
>
> (819-820 行)

この作品は，前半はエルサレムまでの巡礼行，後半は，エルサレムからコンスタンチノープルまでの旅とコンスタンチノープルでの出来事となっている。しかし行数の上から言えば，作品全体870行のうち，エルサレム滞在までが約四分の一（232行）であり，残り四分の三（638行）はコンスタンチノープルにおけるほら吹き合戦の場面である。いわばその場面を描くためにすべてが構想されていると考えてよい。このように，この作品の主眼がシャルルマーニュの騎士たち

のほら吹き合戦にありながら，そのコンスタンチノープル行きを東方行きとし，エルサレムへの巡礼行がパリから東方へ出発する表向きの理由とされている。このように作品を構想する作者において，巡礼のテーマを利用しようという考えが思いつかれたということに，当時の社会状況が反映されている。当時のフランス社会において巡礼が非常に広く行われていたということだけでなく，想像世界という精神生活においても大きな比重を占めていたということである。

　さらに注目すべきは，その巡礼のテーマを，『シャルルマーニュの巡礼』のように騎士の行動と思考を茶化し笑いを誘うような性格の作品において，利用しているという点である。この作品は『ロランの歌』と同様に，シャルルマーニュおよび12臣将をはじめとするシャルルマーニュ軍の遠征を歌ったものでありながら，その内容は上記のように『ロランの歌』とは似ても似つかないものである。むしろ『ロランの歌』のパロディとみなすことができるのではないだろうか。『ロランの歌』は西方，スペインへの遠征であるのに対し，この作品は東方への旅である。『ロランの歌』では12臣将一人ひとりが敵を相手に勇敢に戦うその戦いぶりが描かれているのに対し，この作品では12臣将が一人ずつほら吹きを始めている。またそのほらにも『ロランの歌』を意識している面が伺える。例えばロランのほらは角笛に関するものであるが，『ロランの歌』においてロランと角笛とは切っても切り離せない関係にあることは言うまでもない。

3．『狐物語』における巡礼のテーマ

『狐物語』は，主人公である狐のルナールの悪だくみをテーマにしたエピソードを集成したものであり，それぞれのエピソードは「枝篇」と呼ばれ，12世紀後半から13世紀前半にかけて，異なる作者によって書かれたものである。そのいくつかの枝篇で，ルナールが巡礼に出かけるエピソードがある。たとえば「ルナールのローマ巡礼」（第8枝篇）では，正面から巡礼がテーマとしてとりあげられ，枝篇全体（472行）が巡礼行の途中のできごとである。ルナールはロバのベルナール，羊のベランと一緒に，ローマ巡礼に出発する。途中で狼のエルサン一行に追いかけられひどい目に会ったあと，ベルナールがローマに行くのをやめると言い出し，ベランも，「私もそうする，巡礼なんかにゃ二度となるものか」と言う。そしてルナールも次のように応じる。

> みんな，誓って言うが，
> 確かにこいつは辛く苦しいことだ。
> 世の中にゃ，ローマに一度も行ったことなんかなくっても，
> 立派な人はいっぱいいるし，
> 七人の聖人詣でをして来た人でも
> 行く前より性悪になった者だっているさ。
>
> （461-466行，鈴木，福本，原野訳，以下同）

こう言って三人は巡礼行をやめ，引き返す。

また「ルナールの裁判」（第1，1a枝篇）では，ルナールは悪事を訴えられ，ライオンのノーブル国王によって絞首刑に

フランス中世文学にみる笑い　97

処せられそうになる。そのときルナールは次のように言う。

> 「みめぐみ深き国王よ,
> 私にもひとこと言わせてください。
> 私は捕えられた上にいましめを受け,
> 罪なくして絞り首にされようとしています。
> とはいえ私が関わりをもつ罪状が
> まったくないわけではありません。
> 願わくは犯した罪の改悛をさせてください。
> 聖なる改悛の秘蹟にかけて,
> 神のお慈悲で海の彼方へ
> 巡礼に旅立ちたいのです。　　　　　　　(1369-1378 行)

　何人かの諸侯がルナールを支援し, 国王もしぶしぶ許可をする。

> 先のことはどうあろうと, 取り敢えず
> 右肩に布の十字章を縫いつけてやり,
> 杖と頭陀袋を持たせてやりました。
> 　　　　　　　(1405-1407 行, 訳語を少し修正してある)

　こうして立派な巡礼者姿になったルナールは巡礼の途につくが, その舌の根も乾かないうちに, 出会った兎のコワールを巡礼杖で突き倒して, 子供たちの御馳走に持って帰ろうと縛り上げた。今来た森の方を見ると, 国王をはじめ多くの諸侯が集まっている。

> ルナールは右肩の布の十字章をむしり取ると,
> 大声で彼らにこうどなりました。
> 「王様, このボロぎれは返してやるぜ,

無理矢理俺に古着を着せ，
頭陀袋を下げさせたうえに
杖まで持たせやがったのはどこの罰当たりだ」
皆の前で布の十字章で尻を拭くと，
みんなの頭の上へそれを投げつけました。
                    (1499-1506 行，訳語を少し修正してある)

　先にみた「ルナールのローマ巡礼」においても，巡礼行をないがしろにした言説がみられたが，この「ルナールの裁判」においては最初から，巡礼が絞首刑を逃れるための単なる口実として利用され，巡礼が許可されるや，巡礼者としてあるべき立ち居振る舞いとは真反対の所業におよび，あげくの果てには冒涜的とさえ言えるような言辞を弄している。この場面のみをみれば，聴衆や読者のなかには眉をひそめる者もいたかとも思えるが，「ルナールの裁判」という枝篇全体がルナールの悪知恵をテーマに笑いを誘う雰囲気のなかで筋が展開している。そのような作品において，笑いを引き起こす素材として巡礼のモチーフが用いられているということは注目してよかろう。両枝篇の創作年代はいずれも 12 世紀末（1190-95 頃）である。12 世紀末のフランスにおいて，巡礼を笑いの素材として扱うことを構想した作者の心性は，同時にその社会の心性でもあろう。

4．ファブリオにみる笑い

　笑いを主眼としない作品，たとえばシャンソン・ド・ジェストやロマン（物語）にも笑いを誘う場面はもちろんみられ

る。『フランス中世（1150-1250）の宮廷風物語における笑いと微笑』というフィリップ・メナールによる浩瀚な研究もあり，その中ではロマン（物語）だけでなくシャンソン・ド・ジェストにも言及されている。しかし，フランス中世文学における笑いとなると，ファブリオは避けて通れない。

　ファブリオというのは，13世紀を中心に，12世紀末から14世紀にかけてフランスで盛んに作られた韻文の滑稽譚の総称である。1行8音節，2行ずつ押韻する平韻で，概して短いもの（平均3～400行）が多い。約150編の作品が伝わっている。

　各作品において，ある個人の行動や発言が笑いの対象になっているが，その場合の個人というのは，固有名詞ではなく，「司祭」，「騎士」，「粉屋」，「農夫」とか，その「女房」のような名詞で呼ばれている場合が多く，固有名詞で呼ばれている場合でも，特定の個人というよりは，誰でもいい「ある町人」という代わりの名前に過ぎない場合が圧倒的である。その意味では，各作品にどのような人物が登場するかは，すなわち社会的にどのような階層，身分，職業の者が笑いを引き起こす役割を担わされているかということになる。

　冒頭のつまずいて転んだ人の例のように，事が「首尾よく進行する」の反対の例，すなわち失敗例が笑いの対象になることが多いので，どのような社会的階層の人のどのような言動が失敗例として笑いを引き起こしているかは，当時のフランス社会の状況と密接な関係がある。また，作者がそのような人物のそのような言動を笑いの種にしようとしたことは，

当時の人びとの心性の反映である。

　ファブリオのなかで笑いの対象となっている人物は，聖職者や騎士，粉屋，靴屋，家具屋などさまざまな職人，農夫など，社会のなかの幅広い階層の人びとであるが，そのこと自体がファブリオというジャンルの特徴となっている。なぜなら，それ以前のシャンソン・ド・ジェストや物語（ロマン）においては，騎士階級以外の人物はほとんど登場しないからである。ファブリオにおいては，王侯貴族や領主などは，直接に対象となっているものは少なく，聖職者にあっても，高位聖職者は少なく，たいていは下級の聖職者である。ファブリオが，農民や一般庶民の視点から書かれており，一般庶民の生活の範囲内で出会ったり接触したりする人が主として取り上げられているからである。

(1) 聖職者と女性

　笑いの社会性について考察するために，ファブリオにおいて聖職者がどのように描かれているかを，具体的な作品のなかでみていく。

　　『赤く染まった司祭の話』

　　オルレアンの町のある司祭が，隣の家に住む町人の女房に言い寄るが，女房は手荒く追い返す。断られた司祭はあきらめられず，何とか女房を手に入れることはできないかと思案しているところに，男女の仲を取り持つ手練に長けたエルサン婆さんが通りかかったので，彼女に相談する。エルサンが早速町人の女房の所に行き，ある金持ち町人の情

婦になるようにと言って誘うが，女房は毅然として追い返
す。殴られたエルサンは町人の女房の仕打ちを司祭に訴え
る。司祭は女房の亭主を呼び，お前の女房はうちの小間使
いの老婆を殴ったので破門に値する，と言う。家に帰った
町人は女房から事の真相を聞き，二人で司祭をだまし打ち
にすることにする。道で女房に出会った司祭は女房を口説
くので，女房はお金をくれるならと言って，密会の約束を
する。計画どおりやって来た司祭を迎え入れ，女房は風呂
をわかして司祭に入らせる。そこへ亭主が帰宅し，あわて
て風呂桶から飛び出した司祭を，女房は計画どおり赤い染
料の桶の中に隠す。亭主は染め桶に漬けていた大きな十字
架が染め上がっているだろう，と下男と一緒にその十字架
（実は司祭）を引き上げ，部屋に立てかける。一物と金の玉
が出っ張り過ぎているので，削ろうと鉈を持ち出すと，司
祭は大慌てで一物を手で隠しながら，一目散に逃げていく。

エルサンは『狐物語』に出てくる雌狼の名前であるが，「男
女関係の手練手管に長けた女」や「誰とでもすぐ寝る女」の
代名詞として，ファブリオなどの作品にしばしば登場する。
たとえば次の『やきもち亭主アルールの話』にも登場する。
上に引用したファブリオ『赤く染まった司祭の話』における
笑いのしかけはいろいろあるが，主要なテーマは不まじめな
聖職者，色欲に走る聖職者である。司祭が町人の女房に言い
寄るがはねつけられる。断られてもあきらめず，何とかもの
にしたいと願い，取り持ち役に依頼する。それらが後半の大
きな笑いを誘う場面の要因として設定されている。司祭の所
業のうち，最もこらしめるべきは，信者の女房への肉体的欲

求であるので，その象徴としての男性性器を切り落とす寸前へと，話の筋をもっていっている。素っ裸を導入するために，男女の楽しみに先立つ入浴場面がおかれている。しかし，実際に切り落とされるには至らず，素っ裸で，そこを手で隠しながら逃げていくという，陽気な笑いを引き起こす場面へとおさめられているところに，この作品の特徴があると言えよう。陽気な笑いは，ファブリオ全般についても言えることである。

『やきもち亭主アルールの話』

　ある司祭が嫉妬深い農夫アルール夫妻のベッドに忍び込み，女房と事をなす。亭主のアルールが騒ぎだしたので，司祭は羊小屋に隠れる。そこへ老家政婦エルサンが入って来る。司祭は彼女とも事をなす。エルサンの言葉で一同静まり，床に着く。司祭は再びアルール夫妻のベッドに忍び込み，女房と事をなす。アルールが起き，家じゅうの者で司祭を探す。司祭は階段の上に隠れる。そこをしのいで，今度は肉の貯蔵小屋に入り，豚肉と並んでぶら下がる。肉を探しに来た牛飼いのベランジェに一物を切られそうになり，ベランジェの上に落ちる。とうとう捕まり，ベランジェに一物を切られそうになる寸前に，女房とエルサンがベランジェに襲いかかり，おかげで司祭は辛うじて逃げ出すことができた。

『赤く染まった司祭の話』では司祭が欲望を手に入れるところまではいかなかったが，ここでは司祭が農夫の女房と何度もベッドで事をなすだけでなく，家政婦とも関係をもち，

欲望を満たすことにいったんは成功している。その後司祭は亭主に現場を襲われ、一糸まとわぬ姿で逃げまくり、屠殺されて吊り下げられている豚肉にまぎれようとする。素っ裸の司祭が肉の固まりである豚肉と並んでぶら下がっているのは、人間性を捨てて動物と同列になっていることを、自ら身をもって演じているようなものである。ここでも男性性器の切り落としが笑いを誘う大きなモチーフとして利用されている。

　ここでは司祭が欲望をいったんは満たしているだけでなく、その相手である女房と家政婦がともにそのことをプラスに受け止め、司祭に味方している。この点が、『赤く染まった司祭の話』と大きく異なるところである。このように、女房が開き直り、浮気の相手の聖職者をかばって、寝取られ男の亭主を逆にひどい目に会わすという展開のファブリオはほかにも多くある。たとえば『風呂桶』などもそうである。すなわち女のしたたかさ、性悪さのテーマとの合体である。聖職者の不道徳性と女の性悪さのどちらにより多くの重点が置かれているかは作品によって異なるが、上に引用した『やきもち亭主アルールの話』では、その両方ともに重点が置かれていると言えよう。

　女房の浮気—寝取られ男をテーマとしたファブリオは多く、しかもその場合の浮気の相手が聖職者という設定も非常に多い。聖職者の言動を笑いの対象にした作者は、そのような作品が受け入れられ、聴衆／読者に歓迎されると考えたのである。そのような作者の心性と社会的背景は考察に値し

(2) 農民とキリスト教

上でみたような聖職者の品行が笑いの題材として取り上げられているということは，司祭との接触すなわち教会生活が人びとの日常生活のなかで大きなウエイトを占めていたということである。

同じように聖職者の言動を笑いの素材として取り上げているファブリオのなかでも，以下にみるようなものは，日頃耳にしている説教の内容に関するものである。

『司祭の牝牛ブリュナン』

神に献げものをすると，倍にして返してもらえると司祭から聞いた農夫が，牝牛を司祭に献上する。司祭は牝牛がまんまと手に入ったので大喜びし，学僧に命じ，早く飼いならそうと，自分の牝牛と一緒に紐で結ばせておいた。農夫の牛は，司祭の牛を引っ張って，農夫の牛小屋まで帰って来る。それを見た農夫は，「おい，かあちゃん，神様は本当に2倍にして返してくれたよ」と女房ともども大喜び。

ここでは，司祭は日頃から公式の場では高尚なことを説教しているが，実際には司祭の言うことを単純に信じて金品を奉納する信者の善意に乗じて私欲を満たす，物欲のかたまりであるような司祭もいることを取り上げ，そこから笑いを引き出すために，日頃の説教なかで口にしていることを逆に利用し，いわば司祭の足元をすくっている。その際に，社会的な地位のある司祭の俗物さと，社会的地位の低い農民の純朴

さとを対比させて大きな笑いを引き出そうとしているところにこのファブリオの特徴がある。

『弁舌で天国を得た農夫』

　農夫の魂が天国の入口に来ると，門番の聖ペテロが，ここは農夫の魂などが来る場所ではないと追い払おうとする。すると農夫の魂は，三度もイエスを否認したあなたが何を言う，と言い返す。続いて応対した聖トマには，自分の指で主の十字架の傷に触れてみるまで復活されたイエスだと信じなかったではないか，とやり返す。次に出てきたパウロにも，聖ステファノが石を投げられて殺されるのを容認した迫害の張本人ではないか，と非難する。最後に神が出て来るが，農夫は，自分は主を否認もしなければ復活も疑わず，人も殺さず，教え通りの信仰生活を送ってきた，と天国に入る権利を堂々と主張する。神はこれを認め，農夫の魂の天国入りを許可する。

　ここでは，聖職者の性欲や物欲があばかれているわけではない。しかし，日頃偉そうなことを言って信者に説教し，そのことによって尊敬を集めている聖職者の権威の失墜を笑いの対象にしている点では，これまでみてきたファブリオと共通するものがある。ここでも聖職者の権威を失墜させるのに，聖職者自身が日頃口にしていることを逆にそのまま利用しており，農民の純朴さにとっては高尚な神学的な理論など無用として，笑いを引き起こさせている。そこには，ペテロはイエスが十字架にかかる前夜，イエスと自分との関係を3度否認したこと，トマスは，イエスが復活したという他の弟

子たちの言葉を信じず、イエスのわき腹の傷に自分の手を差し込んではじめて信じたこと、パウロがステパノに対する迫害に参加したことなどが、誰もが知っている聖書のエピソードであったということが前提にされている。この作品の社会的背景である。

『司祭の牝牛ブリュナン』における笑いも聖職者の物欲を対象にしているので、(1) でみたような種類の笑いと共通して、いわば「俗な題材」ととらえることができよう。それに対し、『弁舌で天国を得た農夫』にみられるような笑いは「高尚な題材」ととらえることも可能であろう。いずれも社会的権威のある聖職者を対象とし、その権威が引き落とされるところで笑いを引き出そうとしている。キリスト教が人びとの身近なものであり、その説教の内容でさえ、笑いの素材にすることができたということである。

(3) 商人の知恵——『靴屋のバイエ』

『靴屋のバイエ』というファブリオにおいても、同じように司祭の人妻との関係や、それがばれてひどい目に会わされることがテーマになっているが、登場人物として靴屋が設定されており、それにしたがって筋の展開も職人や商人の世界となっている。

> 靴屋の女房と司祭がいい仲なのを幼い娘に教えられた亭主は、出かけると見せかけ、留守を狙って呼ばれた司祭がいる我家に引き返す。あわてた女房は司祭を戸棚に隠れさす。それを見た亭主は近所の者を集め、戸棚を市場で売ると荷

車に載せる。戸棚の隙間から弟（神父）を見つけた司祭はラテン語で「助けてくれ」と言う。弟は兄が戸棚に閉じ込められていると分かり，戸棚を売ってくれと頼む。靴屋はラテン語の喋れる戸棚なので安くは売れない，と言って20リーブルで売る。靴屋は金を儲け，司祭は二度と女房に手出しはしなかった。

　ここでも女房の浮気，しかもその相手が司祭であることが，亭主の知るところとなる。亭主はその現場を取り押さえることを企てる。女房の機転によって難は逃れられたかに見えるが，亭主はそれも見抜いた上で，司祭を懲らしめるための企みはさらに続く。ここで司祭の側から窮地を脱するための名案が出される。それはラテン語である。すなわち，周りに人がいても，自分たち聖職者階級の仲間同士のみで意思疎通ができる一種の暗号である。ここで戸棚に入れられている司祭は特権階級に属しているという意識のもとに行動している。すなわち，自分の発することばが靴屋や周りの人に聞かれても，彼らにはちんぷんかんぷんだろうと思っている。しかし彼らはその会話の中身が分からなくても，喋っていることばがラテン語であるということは分かる。亭主は靴屋であり，靴を作るだけでなく，同時に自分の商品を売って金儲けする人間であるので，戸棚の中の司祭が考え出した名案を逆手にとって，商売に利用する。全編が，女房の浮気，司祭の不品行をめぐる，寝取られ男の亭主と女房や司祭との知恵比べであるが，社会的身分から言えば圧倒的に高い聖職者が一介の靴屋の知恵によって散々な目に会わされ，お灸をすえ

られる。これらすべての過程で笑いが引き起こされるように工夫がされているわけであるが、そこにラテン語と民衆フランス語という言語の社会性が用いられている。また、戸棚という中古家具の売買が、具体的値段とともに描かれている。当然のことながらそこに出てくる 20 リーブルという値段は、中古戸棚の値段としては法外に高い値段であったはずであり、それをも承知の上で司祭の弟は兄を助けるために甘んじて受け入れざるを得なかったことも笑いの素材として利用されている。

以上、フランス中世文学作品のなかにおける笑いを、その素材や描出の仕方をとおして、社会性の問題との関連で考察してきた。巡礼のテーマが笑いを引き出す背景として利用されていたり、聖職者の特権意識による言動が、さまざまな角度から笑いの対象となっている。

文学作品のなかで、どのような人物を登場させ、それぞれの人物にどのような行動をとらせているか、それによって聞き手や読者のどのような反応、どのような効果を期待しているか、それらすべてに作者の想像力と創造力が反映されている。そこには、そのような内容の作品を構想する作者の心性、そのような作品が受容されていたフランス中世社会の心性がみえてくる。フランス中世文学における笑いをとおして、笑いの社会性の一端が明らかになったのではなかろうか。

参考文献

松原秀一『西洋の落語—ファブリオーの世界』東京書籍, 一九八八年。〔(中公文庫) 一九九七年。〕

原野昇他『狐物語の世界』東京書籍, 一九八八年。

重信常喜『フランス中世喜劇入門』紀伊国屋書店, 一九七二年。

J・ヴェルドン『笑いの中世史』池上俊一監修, 原書房, 二〇〇二年。

Joseph Bédier, *Les Fabliaux, étude de littérature populaire et d'histoire littéraire du Moyen Age*, Champion, 1964.

Philippe Ménard, *Le rire et sourire dans le roman courtois en France au Moyen Age*, Droz, 1969.

Per Nykrog, *Les Fabliaux*, Droz, 1957.

Jean Rychner, *Contribution à l'étude des fabliaux, variantes, remaniements, dégradations*, Droz, 1960.

Suzanne Comte, *La vie en France au Moyen Age*, Genèves (Minerva), 1978-1981 より

チョーサーのファブリオに見る笑い
— 「船長の話」における言葉遊び再考 —

中尾佳行

はじめに

　英国 14 世紀末は，中世の戦う人々（騎士階級），祈る人々（僧侶・尼僧など），耕す人々（農夫）の 3 階層に加え，新興階級（職人，商人，弁護士など）が活躍の場を広げていった。このような社会階層の変動，町人の台頭に伴い，文学も新たな境地を開拓していった。中世に典型的であった聖人伝説や騎士の冒険物語に対し，町人の生活に密着したよりリアリスティックな作品がクローズアップされてきた。ここで注目したいのは，そのような話の一つ，町人の奥さんと僧侶や未婚の若者との不倫，浮気され笑いものになる亭主，という滑稽な物語である。この種の物語はファブリオと呼ばれている。起源的には，12 世紀後半から 14 世紀中ごろにかけてフランスで人気を博したものである。このジャンルは 14 世紀末にチョーサーによって英国に取り入れられた。彼は，ファブリオを翻案することで，独自の笑いの世界並びに表現を開拓していった。

ファブリオはチョーサーでは単独の作品として扱われるのではなく,『カンタベリー物語』という物語集の一部として組み込まれている。本物語のエルズミア写本では10の断片（物語群）があるが,断片1に「粉屋の話」と「荘園管理人の話」,断片4に「商人の話」そして断片7に「船長の話」があり,計4作品がある。いずれも女房が未婚の男性に寝取られ,亭主が笑いものになる共通したプロットを持っている。

　『カンタベリー物語』は騎士により格調高い宮廷ロマンスで始まるが,その直後粉屋が介入し,下宿屋のおかみが下宿人とできてしまう話が展開する。次に粉屋と犬猿の関係にある荘園管理人は,粉屋のおかみと娘がケンブリッジの学生に寝取られる話をする。かくして彼は「粉屋の話」の当てこすり（妻を寝取られた下宿屋の主人の本職は大工で,荘園管理人と同じであった）に見事に報復する。ファブリオはこのように劇的な枠組みを通して相対的に位置づけられている。

　ここでは最後の「船長の話」を取り上げてみたい。パリ北部に住む商人は,財産を増やすことに専心するあまり (this good man VII 29, 33, 107),自分の妻という最も大事な財産 (goode wyf VII 92) を失う,という話である。商人が仕事で奔走する留守中,妻と修道僧が不倫を行うのである。修道僧は商人の妻から100フランを貸してくれと頼まれ,それを修道院が動物を買うために必要と称して,商人から借りる。それを商人の妻に渡し,彼女を意のままにする。商人に対しては,キャッシュで奥さんに返した,奥さんに確認してみてくれ,という顛末である。商人も,また彼の妻も騙され,修

道僧は一人得である。

一つの知恵は，もう一つの面では逆に無知になる，という人間が容易には逃れられない弱点，知恵のアンビヴァレンスが描かれているとも言える。これは，主人が仕事に奔走するあまり，家庭の管理が疎かになり，家庭が綻びていく現代にも通じるテーマである。

以下では，「船長の話」の言葉遊びに着目し，チョーサーの笑いの特徴，ひいては中世の笑いの一端を捉え直してみたい。結論的に言うと，本作品の言葉遊びは，笑いの生起に視点が介入し，その移動によって解釈が移動する，複雑な意味作用を通して達成されている。

1. ファブリオの特徴

本節では，ファブリオの基本的なパターンとそれを踏襲したチョーサー作品について紹介したい。

(1) ファブリオのパターン

ファブリオは，中世末期の都市を舞台として展開している。その主題は，不倫であり人間の生身の在りようを活写している。それは封建社会の規制への反発，男性中心社会への批判を潜めてもいる。登場人物は町人で，粉屋，大工，商人，彼らの女房，また僧侶等が主役である。出来事は，女房が独身男性に寝取られ，亭主が笑いものになるのが常套である。

(2) チョーサーのファブリオ

「粉屋の話」は，オクスフォードで下宿屋を営む年老いた主人ジョンと若い妻アリスーン，そして彼女を寝取る下宿生

ニコラスが主人公である。アリスーンは, 下宿している学僧ニコラスと巧みに計画を立て, 夫を出し抜いて不倫を行う。

「荘園管理人の話」は, 粉屋と彼の家族, そしてケンブリッジの学生が主人公である。学生が粉屋に来たとき, 粉屋は粉をくすねとろうと, 彼らの乗ってきた馬を逃がす。馬が見つからず結局学生は粉屋の家に泊まることになる。狭い家のこと, 学僧はトイレをすました後, 入るベッドを偶然勘違いしたことから, 粉屋の妻と娘を寝取ることになる。彼らは, 粉をくすね取っていた粉屋に対し, このような形で報復するのである。

「商人の話」は, 年老いた騎士ジャニュアリーと若い妻メイ, そして彼の近習ダミアンが主人公である。ジャニュアリーは, 家臣の願いで, 跡継ぎのために若い妻を民間から娶る。老夫の営みに満足のできない妻は, ダミアンの求愛に即座に反応し, 夫の管理の中を巧みに潜り抜け, ダミアンとの不倫を実現する。

「船長の話」は, 商人と妻, そして商人の親友である修道僧ジョンが主人公である。商人は, 自分の商売に奔走するあまり, 一番身近にいる妻という財産を管理できず, 留守中に彼の親友である修道僧に寝取られてしまう。

宮廷ロマンスや説教集に対し町民を主人公にした文学が登場したことは都市の文化の熟成を反映するものである。詩人チョーサーは葡萄酒商をロンドンで営む家庭に生まれ育ち, このような町民が活躍する話は自家薬籠中のものであろう。

2．「船長の話」の概要

　本節では「船長の話」の骨子を紹介しよう。パリの北部の町にある商人が住んでいた。夫は妻にきれいな装いをさせないといけない。もしそうできないと，別のものが妻をめんどうみなくてはならなくなる。これは危険である。（このような書き出しから判断するに，チョーサーは最初この話をバースの女房に当てていたのかもしれない。）

　この立派な商人は修道僧ジョンと親しくしていた。商人は，フランダースに出張するため，その前に2，3日修道僧を家によんで食事・会話を楽しむことにした。一緒に食べたり飲んだりして，3日目，商人は財産の勘定のために部屋に閉じこもった。妻は修道僧のジョンと2人きりで話す機会をもった。自分の夫への不満（けち）をまくしたて，きれいな服をかうため，ということで彼に100フランを貸してくれるよう頼んだ。あなたのお望み通りお返しはするから，と彼に約束した。ジョンは彼女を救ってやろう，と言った。

　食事の後，ジョンは商人をわきに連れて行き，彼の出張中自分にできることは何でもしてやろうと言うが早いか，商人に100フランの借金を頼んだ。修道院に動物（実は「商人の妻の肉体」）を買うため，というのが理由である。商人は快くジョンに貸すが，商人は金が信用の証と述べ，できるときに返してくれるように，と言い添えた。

　商人はフランダースに向かった。彼が立った次の日曜日にジョンは商人の妻に100フランを届けた。その代償としてジョンは彼女と楽しんだ。商人はフランダースでの仕事を終

え，家に帰ってきた。彼は妻と楽しんだ。彼はお金の調達のために，パリに行かねばならなかった。彼はパリに着くや否や，ジョンを訪れた。彼から借金を取り返そうというのではなく，彼が元気でやっているかを伺いに来たのだった。商人がお金の調達のことに触れると，ジョンはすぐにも借金の話を出し，借りた額は奥さんにすでに支払った，と言う。

　商人は，家に帰ると妻と楽しんだ。そして妻に対し，自分がパリにでかける前に，何故ジョンが100フランを返しにきたことを言わなかったのか，と苦言を呈する。妻はジョンにだまされたことを知り，借りた借金分については責任を持って（自分の体で）返す（'score it upon taille' VII 416「割符/尻尾で返す」），と言う。夫は「無駄使いしないように，お前の財産をちゃんと守るように」と諭す。

　物語は，次の語り手の言葉で終わる。

> Thus endeth my tale, and God us sende
> Taillynge ynough unto oure lyves ende. Amen.
>
> VII 433-4

（さあ，このようにしてわたしの話は終わりました。神様がわれらの命の終わりまで，十分な勘定書を送って下さいますように。アーメン。）

*チョーサのテクスト及び作品の略記はBenson (1987) による。
*本作品の日本語訳は全て桝井 (1995) による。
*tally （史）「割り符」借金・支払いの額を示す刻み目をつけた棒。これを縦に2つに割り双方が保管した。

3. 言葉遊び再考——視点の介入と意味

本節では,「船長の話」における言葉遊びの基本的なコンセプトをまず掴み,次いでそれがいかに登場人物の視点を介して実現されるかを概観し,最後に物語の流れに即してその意味を叙述する。

(1) 言葉遊びの基本的なコンセプト

本作品の「言葉遊び」は,単一の言語表現が経済的・効率的に複数の概念を包含して使用され,芸術的な効果を挙げている側面を問題にしている。ここでは商人が主人公の物語にふさわしく,その基本的コンセプトは,金銭の交換と性の交換の融合に見られる。修道僧ジョンはセックスと引き替えにお金を貸し,他方,商人の妻はセックスを代償にお金を返している。修道僧は商人の妻から頼まれた金を,口実を付けて商人本人から借り受ける。その金を彼の妻に貸し,その見返りに彼女を寝取ってしまう。商人は気づく術もなく自ら妻の裏切り行為に加担している。ジョンは商人に借金は彼の妻に直接返したと述べる。夫からそのことを聞いた妻は,ジョンに騙されたことを悔しがるが,後の祭り。夫に割符(借金)又は尻尾(セックス)で返すと約束する(後に示すように taille/tail が使用されている)。このような金とセックスが一体化した言葉遊びは装飾的・部分的なものではなく,物語のテーマ,人物造型,プロットの流れに密接に係わっている。Keiser (1978: 147) は次のように 'thematic' とさえ述べ

ている。

> ... the use of sexual puns and double-entendres, serves an important thematic purpose in expressing "the commercialization of the marriage relationship"...

(2) 視点の階層性——人物関係

誰が誰に騙されているか，最後まで騙されないのは誰か，また全体を見通している人物は誰か，を概観してみよう。

物語の登場人物において，視点の階層性（上位に立って相手を手玉に取っている者，下位にいて一部しか見えず騙されている者）は露骨なまでに明確である。商人は，仕事の上では大きな才能があるにも拘わらず，最も下位の視点が設定されている。彼は自分の愛する妻に裏切られ，また自分の無二の親友修道僧にも騙されている。商人の妻は，中間的な視点の位置づけである。彼女は夫に対して裏切り行為を働くが，修道僧には騙されている。修道僧は，最も高い立場に立っている。商人と商人の妻を共に手玉にとっている。(商業的な観点からの考察は，Fulton 2002 を参照。)

物語の語り手は，登場人物全体を統制する位置に立っている。この物語は何故船長によって語られたのか。これは容易には答えられない問いである。語り手である船長は，カンタベリー大聖堂への巡礼者を紹介する「総序」において，海ないし航海に関して彼程に心得ているものはいない，と叙されている。語り手である船長と物語内の商人の職業人としての能力には共通するものがある。2で述べたように，「船長

の話」の冒頭部分は，妻はファッションその他のためにお金が必要となるので，主人は十分にお金を提供しないといけない，もし主人が十分に対応できないと他のものがそうしないといけない，と微妙な含みを添えて語られている。これは職業人の専門的な力量と彼の家庭管理力は必ずしも対応しないという，語り手の反省的な（後悔をしている）表現かもしれない。他方，チョーサーは，最初この話を別の巡礼者，バースの女房に当てるつもりであったのかもしれない。物語の冒頭部分は確かに「女房」の視点から描かれているように思える。しかし，この視点で見た場合，商人の妻が夫を手玉にとるところはよいが，彼女が修道僧に騙されるという展開はいささか問題的で，方向転換を強いられたようにも思える。

　この物語を読み取る聴衆・読者は更に高い立場に立っている。『カンタベリー物語』の全体を念頭に置きつつ，あるいは物語群や個々の物語を関係づけつつ，当該の物語に接することができる。「船長の話」に登場する修道僧は，物語内では誰からも騙されない一人得で設定されている。聴衆・読者の立場から見れば，この修道僧は「総序」で紹介された本務を打ち捨てて貴族よろしく狩に勤しみ，また女性をあさる＜修道僧＞を彷彿とさせる。「船長の話」の修道僧と巡礼者の修道僧が微妙に反響し合う。聴衆・読者は，物語の登場人物，またその語り手を，物語の外側から見通して見る位置に立っている。

(3) 言葉遊びの叙述――物語の流れに即して

最初に物語の文脈を示し、次に言語項目を取り上げ、最後に視点の階層性に留意して意味記述を行いたい。

パリの北部にある町でのこと、ある商人に美しい、社交的な妻がいた。修道僧と商人はとても仲がよかった。

> This yonge monk, that was so fair of face,
> Aqueynted was so with the goode man, VII 29-30
> 　　　　　　　　　　　　　　　　（下線は筆者）

（顔がとてもきれいなこの若い修道僧は、この家の主人と。。。非常に仲良くしていたので）

語り手は、以後の物語の展開を見通して微妙な語を選択し、微妙な意味を伏せている。動詞 aqueynted(OED 3. *refl.* <OF) は、商人の立場から見れば、自分と修道僧が親しい関係である、と字義通りの意味である。しかし、修道僧の立場で言えば、後の展開が示すように、商人の奥さんと「深い関係を持つ」ために、商人と親しくしているのである。初めてこの物語に接する聴衆・読者は伏せられた意味の層に気づかないかもしれないが、物語の流れを見通している聴衆・読者は、両義性に敏感に反応したであろう。

goode man は、語 (compound: good-man) としてのまとまった意味か、句 (good (adjective/noun) + man (noun)) としての分析的な意味か、その判断が微妙である。語としての意味は、「家の管理者、主人、夫」である。OED は下記のように定義している。

> OED. s.v. goodman 2. The master or male head of a

household or other establishment. Now only *Sc.* or *arch.* c1340–; b. A householder in relation to his wife; a husband. Now only *Sc.* or *arch.* 1513–

「夫」は客観的な意味で問題はないが，「家の管理者」としての意味では，後の妻の裏切りと関係し，管理不能に発展するアイロニカルな伏線となっている。

　句としての理解はより複雑である。good を「利益，財産」の意味に取り，それを扱う人という意味で解してみよう。商人が商品取引に秀でている点では，実にこの句の意味に符号する。しかし，商人は，妻が後々修道僧により商品扱い（金銭による売買対象）されることには気づいていない。つまり，商人は，家庭の財産である妻の操を失うことに気づいていない。good を「善良な，すばらしい」の意味で解すれば，商人としての力量ではその通りであるが，妻という財産を管理する上では実にアイロニカルである。

　英語史的な観点から見ると，句か複合語かは段階的に発展している。Brinton and Traugott (2005) は，語彙化の観点から，迂言的言い回し，名詞化，一語の三段階を紹介している (*engines powered by electricity* → *electrically-powered engines* → *electrification*)。「船長の話」ではこの段階性が巧みに活用されていると言える。

　商人と修道僧は同じ村の出で，共に「従兄弟」と呼び合っていた。

　　And for as muchel as this goode man

> And eek this monk of which that I bigan,
> Were bothe two yborn in o village,
> The monk hym claymeth as for cosynage,
> And he agayn; he seith nat ones nay,　　VII 33-7
> (さて，この家の主人も，わたしの話に出ましたこの修道僧も，二人とも同じ村の生まれでした。それで修道僧は主人を親戚だと言い，主人も修道僧を親戚だと言っていました。彼は修道僧に対し一度だって否といったことはなく。。。)

this good man が繰り返されているが，その意味・含意は上述した通りである。ここでは cosynage(OED 1. The condition of being 'cousin', kinship.　1375– <OF) に注目してみよう。(cosyn と cosynage の言葉遊びは Abraham 1977 を参照。) この語あるいはその派生語 (cosyn) は物語の中で執拗に繰り返され，商人と修道僧の親密な関係が強調されている。cousin の語源はラテン語（母方の姉妹の子ども）で，１３世紀末にフランス語を経て英語に借入されている。兄弟，姉妹，親子以外の親族 (OED a1300–)，叔父叔母の子供，従兄弟・従姉妹 (c1290–)，そして親しさを表す呼称（王や貴族間で (OED1418–)）として用いられている。

　cosynage は「従兄弟関係」を示すが，商人の立場では，修道僧と商人はまるで親族同然の親しい間柄である，となる。しかし，修道僧の立場から見れば，自分と商人の奥さんの親密な関係（男女関係）を望んでいるのである。ここでチョーサーは，近接性 (metonymy) の機能を巧みに使っていると言える。

修道僧 ── ＜商人＞ ── 商人の奥さん

商人との関係が原因となって彼の奥さんとの関係が生まれてくるのである。近接性の一つのタイプ，因果関係がここにはある (同推論の原理については Gallo 1971: 204-5 を参照)。商人は商売に奔走するあまり，修道僧の意図に気づいていないのである。本作品での他の用例を下記に列挙しておこう。

> The monk hym claymeth as for cosynage,　　VII 36
>
> Who was so welcome as my lord daun John,
> Oure deere cosyn, ful of curteisye?　　VII 68-9
>
> "O deere cosyn myn, daun John," she sayde,
> "What eyleth yow so rather for to ryse?"　　VII 98-9

他に，VII 139, 143, 147, 149, 257, 261, 265, 279, 282, 364, 387, 409 がある。

ある日のこと，商人はブルージュ（ベルギー）に買い付けにいくので，その前に修道僧ジョンを呼んで，1日，2日彼，自分，そして妻とで遊びたいと，使いを送る。三日目，商人は会計事務室に閉じこもって，商品の残り具合いを確認する。

> And how that he despended hadde his good,　　VII 80
> （財産をどれだけ使ったか）

商人は閉ざされた場所で商品の管理に集中するが，彼の視線は修道僧と妻には届かないでいる。商人の家で，ジョンが朝方庭を散歩していると，そこに商人の奥さんが密かにやって

くる。

> <u>This goode wyf</u> cam walkynge pryvely
> Into the gardyn, there he walketh softe,　　VII 92-3
> (かの善良な奥さんは庭の中へこっそり歩いて来ました)

既に goode man については分析したが，同様のことが goode wyf についても言える。複合語として読み取れば，「妻」である。OED の定義は下記の通りである。

> OED. s.v. goodwife 1. The mistress of a house or other establishment. Now chiefly *Sc.* c1325–

句として分析的に理解すると，名詞＋名詞の場合，妻は夫との関係ではかけがえのない財産としての女性である。しかしジョンから見ると，商品としての，つまり金で売買できる女性である。形容詞＋名詞の場合，「善良な妻」，「すばらしい妻（女性）」という意味になる。この女性は，夫から見て「善良な妻」である。しかし彼女は，修道僧から見ると，金で売買できる対象，セックスの対象となり易いという意味で，「すばらしい女性」である。チョーサーにおいて「物」を表す語はしばしば性的な含意を得ているので注意を要する (Cf. 物: good, chaffre, chose, thing)。

商人の妻は修道僧のジョンに挨拶する。

> "O deere cosyn myn, daun John," she sayde,　　VII 98
> (「おお，親愛な，わたしの従兄弟のジョン様。。。」と彼女は

言いました)

夫がそうなら，妻もジョンのことを「従兄弟」と呼びかけている。親しい関係の呼称であるが，既に述べたように，夫の場合と妻の場合でこの後その親しさの仕方が違ってくるので注意を要する。

ジョンは商人の妻に次のように言って冷やかしている。

> But deere nece, why be ye so pale?
> I trow, certes, that oure goode man
> Hath yow laboured sith the nyght bigan
> That yow were nede to resten hastily."
> And with that word he lough ful murily,
> And of his owene thought he wax al reed.　　VII 106-11

(ですが親愛なる従兄弟よ，あなたはどうしてそんな青白い顔をしているの？きっとご主人があんたを夜になってから痛めつけたんで，あんたは今すぐ休むことが必要なんじゃないですか」。そう言うと彼はとても楽しそうに笑いました。そして自分の考えていたことに気がつくとすっかり赤くなりました。)

ジョンの言葉は性的な含意で充満している (pale「青白い」, laboured「お勤めをする」, resten「休息する」, lough ful murily「楽しそうに笑いました」, reed「赤面する」)。間接的ではあるが彼は彼女に対する性的関心を臭わせている。この文脈では goode man の man は性的な意味を帯びる可能性があり，その限りでは精力という意味で「すばらしい男(夫)」と解することができる。OED s.v. man の記述を参

照されたい。

6. a. In a pregnant sense: An adult male eminently endowed with manly qualities. 14...

性的な意味を裏に伏せた言葉遊びだが，それが生理的に lough「笑い」を引き起こすのは，古今東西変わらぬ営みであろう。

　商人の妻は，ジョンに対し主人に恥をかかせたくないために着飾りたい，主人はけちで大金を出してくれないので，100 フラン貸してくれと頼む。そのことを叶えてくれたらどんなことでもお返しすると言う。

　　And doon to you what plesance and service
　　That I may doon, right as yow list devise.　　VII 191-2
　　(あなたのお望みのままに，わたしのできるどんな楽しみだって，お勤めだっていたしますから。)

plesance and service「楽しみとお勤め」の抽象語は，宮廷ロマンスにおいて宮廷貴婦人が彼女に恋いこがれる独身騎士に対して使う常套である。不倫の婉曲表現 (euphemism) でもある。

　ジョンは彼女に 100 フラン貸して救ってあげようと言い，間髪入れず彼女の横腹を掴む。

　　For I wol brynge yow an hundred frankes."
　　And with that word he caughe hire by the flankes,
　　And hire embraceth harde, and kiste hire ofte.　VII 201-4
　　(わたしはあなたに百フランを持ってきてあげますから」。そう言うと彼は彼女の横腹をつかまえてきつく抱擁して，何

度も口づけをしました。)

frankes と flankes の脚韻は,chiming 効果(音と意味の融合)があり,本作品の言葉遊びの根本原理,金とセックスの融合を象徴的に表している。flankes は OED によれば下記のように定義されている。†2 の意味まで含まれるとすると,意味の反響効果は更に深まるものとなる。

> s.v. flankes **1.a.** The fleshy or muscular part of the side of an animal or a man between the ribs and the hip. a1100-
> †2. The belly; the womb. *Obs.* 1398-1481

因みに,物語の鍵概念を脚韻語に反映させるのは,チョーサーの好んで使った手法である。Masui (1964: 269-301) が既にその多くを論じている (joie—Troie Tr; Nicholas—solas MilT; cliket—wyket MerT; Deeth—sleeth PardT, etc.)。そこに扱われていない2例を下記に挙げておこう。いずれも『カンタベリー物語』からで,各物語の最終2行に現れたものである。最初は「托鉢僧の話」で,語り手が聴衆に対して召喚吏が自分の罪を悪魔が捕まえないうちに悔悛するようにと,祈っているところである。

> And prayeth that thise somonours hem repente
> Of hir mysdedes, er that the feend hem hente!
> FrT III 1663-4

(これらの召喚吏を悪魔が捕まえないうちに彼らが悪行を悔い改めるようにお祈り下さい!)

次の例は「貿易商人の話」で,語り手が老騎士ジャニュア

リー（若妻メイを娶り，欲情の赴くままに生き，その無知故に実際に盲目になる騎士）の話の終わりを告げ，神と聖母マリアが自分たちに祝福を与えるように祈願している。

> Thus endeth heere my tale of Januarie:
> God blesse us, and his mooder Seinte Marie!
>
> MerT IV 2417-8
>
> （このようにして，わたしのジャニュアリィの話はこれで終わります。わたしたちを祝福したまわんことを，御母なるマリア聖人様も！）

「船長の話」に戻ろう。商人はフランダースに行くので，留守中妻が皆に寛大であり，財をきちんと管理するように頼む。

> For which, my deere wyf, I thee biseke,
> As be to every wight buxom and meke,
> And for to kepe oure good be curious,
> And honestly governe wel oure hous.　　VII 241-4
>
> （そこで，愛する妻よ，わしはお前に頼んでおくぞ，誰に対しても従順でおとなしくして気をつけて財産を守り，立派にわしらの家を治めてくれるようにということだ。）

「誰に対しても従順でおとしなく」の＜誰に対しても＞は微妙である。商人は，自分の意図とは裏腹に，妻に＜修道僧に対しても＞従順であるよう頼んだことになる。「気をつけて財産を守り」あるいは「立派にわしらの家を治めてくれるように」は，確かに主人の意図には従ったかもしれないが，彼の財産としての彼女自身の操（これも oure good の一つであ

る）はこの限りではないのである。商人の認知を越えるところであるが，修道僧にとっては彼女の操は商品で，お金で交換可能なものである。物語の流れを見通している読者は，商人の言葉に潜む彼の意図していない意味を読み取っていくことができる。

ジョンは，商人のところに行って，100フランを貸してくれるように頼む。「動物を買うために必要なので。。。」と言って。

> "O thyng, er that ye goon, if it may be,
> I wolde prey yow: for to lene me
> An hundred frankes, for a wyke or tweye,
> For certein beestes that I moste beye,
> To stoore with a place that is oures.　　VII 269-73
> (あなたが行く前に，できることなら，一つだけあなたにお願いしたいことがあるんだがね。それは，われわれの土地に入れるために，わたしがどうしても買わなければならない家畜の費用に，一週間か二週間百フランわたしに貸して欲しいということなんだが。)

beestesは，OEDによると，初期には人も含めて一般に「動物」の意味で用いられ，後に「下等動物」に応用されるようになった，とある。ここでの修道僧の使用は曖昧で，商人には文字通り「わたしがどうしても買わなければならない家畜」を意味するが，修道僧と商人の奥さんとの関係では「自分の思い通りにするために100フランでどうしても買わないといけない商人の奥さん」そのものである。beestesが人間

も含む広い外延を持つので，一層このことは当てはまる。

　商人は裏の意味を全く疑わず，都合のつくときに返してくれたらいいと言って，貸す。ジョンは商人の妻に100フランを貸し，その代償として一晩楽しむ。

> This faire wyf acorded with daun John
> That for thise hundred frankes he sholde al nyght
> Have hire in his armes bolt upright;
> And this acord parfouned was in dede.　　　VII 314-7
> （この美しい細君はジョン師と次の点で同意しました。百フランで，ジョン師は一晩中彼女を仰向けにして両腕に抱くというのです。この同意は実際文字どおり遂行されました。）

acord は文字通りには OED s.v. accord 1. Reconciliation, agreement, harmony, concurrence of opinion, will, or action; consent. 1297–を表すが，語用論的には修道僧と商人の奥さんの肉体的な「合体」を表すものである。

　商人はフランダースでの買い付けが終わり，帰宅する。妻と楽しむ。彼はジョンのところに遊びにいく。商人は品物が高く借金せねばならかったと言う。ジョンは，すぐさま商人に100フランは彼の奥さんに返したと言う。彼女はそのことをよく知っていると告げる。商人はパリで借金を返済し，1000フランを儲け，帰宅する。妻と楽しむ。出張する前に何故ジョンが借金をキャッシュでお前に返したことを言ってくれなかったのかと，妻をいさめる。自分の借金の話を出した時，（借金の催促だと勘違いして）彼は気分を害したように見えた，と言う。これからこのようなことがないようにし

てくれと注意する。

> Ye sholde han warned me, er I had gon,
> That he yow hadde an hundred frankes payed
> By redy token; and heeld hym yvle apayed, VII 388-90
> (わしが出かける前に，彼がお前に百フランを払ってちゃんとした証拠を受け取っていると，わしに前もって言っておくべきだった。。。機嫌が悪かったからだ。)

redy token は，商人にとっては文字通り「百フラン払ったことを証明するもの（領収証）」であるが，修道僧にとって百フラン払った証拠は，彼と商人の奥さんとの「セックス」（百フラン彼女に貸したことの見返り）そのものである。

商人の妻は修道僧に騙されたことを知る。

> "Marie, I deffie the false monk, daun Johan!
> I kepe nat of his tokenes never a deel;
> He took me certeyn gold, that woot I weel— VII 402-4
> (マリア様にかけて，あの嘘つき修道僧のジョン師に挑戦してやるわよ！わたしはあの男の領収証なんかちっとも構やしないわ。彼はわたしになにがしの金をくれました。それはわたしもよくわかっています。)

妻の怒りの真相は言語的に明確にされず，聞き手の推論に委ねられている。certeyn gold「なにがしの金」は比喩的な言い方で，修道僧の「逸物」を暗示する。OED s.v. gold は比

喩的な意味としては下記のように規定している。

3. a. *fig.* With allusion to the brilliancy, beauty, and transcendent preciousness of gold. a1553—

MED では比喩的な意味は規定していない。チョーサーの比喩的な使用は，辞書的な段階にはなく，語用論的な認識に留まるものであろう。

商人の妻は借金を自分の尻尾で返済することを約束する。

> For I wol paye yow wel and redily
> Fro day to day, and if so be I faille,
> I am youre wif; score it upon my taille,
> And I shal paye as soone as ever I may.　　VII 414-7
> (だってわたしは一日一日あなたに立派にちゃんとお支払いしているつもりなんですからね。もしわたしがそうできないとしても，わたしはあなたの妻なんです。わたしの割符につけておいて下さい。そうすればできるだけ早く払うことにいたしますわ。)

pay は OED s.v. pay 7. fig. (figurative expressions) の意味,「借金を返す」に該当しよう。

> To give or render (anything owed, due, or deserved); to discharge (an obligation). 1340-70 — c1386 CHAUCER *Merch. T.* 804 Whan he wolde paye his wyf hir dette.

お金とセックスはここでも融合的に捉えられている。score it upon my taille の taille は MED によれば，下記の通りで

ある。

3. (a) A scored wooden stick used for financial record-keeping, tally stick; (d) a tally stick in general use as an instrument of credit.

この taille「割符」は tail「尻尾」と同音異義語で，商人の妻はそれを重ね合わせて使用している。MED は辞書的にもこの2語が洒落効果のために使われることを指摘している。

1b. (c) the pudendum; also, the penis; – freq. with punning reference to **taille** n. **(c)** **(c1390) Chaucer** ***CT.Sh.*** **(Manly-Rickert)** B.1606: I am youre wyf; score it vp on my taille. **(c1395) Chaucer** ***CT.WB.*** **(Manly-Rickert)** D.466: For also siker as coold engendreth hayl, A likerous mouth moste han a likerous tayl. **c1400(a1376)** ***PPl.A(1)*** **(Trin-C R.3.14)** 3.120: She is tykil of hire tail, talewys of hire tunge, As comoun as þe cartewey to knaue & to monk.

従って score it upon my taille は，字義的な意味＜割り符に借金を刻み込む＞と文脈的な意味＜私の尻尾でお返しする：「割り符」の性的隠影にも注意＞に解され，両義的である。(Schneider 1977 は taille/taillyinge に注目して＜金＞の意味機能を追究している。Joseph 1983 もお金と性の double entendre を考察している。)

妻は，主人の名誉のために衣服を買ったのだとしらをき

る。妻は笑って遊ぼうと言う。

> For by my trouthe, I have on myn array,
> And nat on wast, bistowed every deel;
> And for I have bistowed it so weel
> For youre honour, for Goddes sake, I seye,
> As be nat wrooth, but lat us laughe and pleye.
> Ye shal my joly body have to wedde;
> By God, I wol nat paye yow but abedde!
> Forgyve it me, myn owene spouse deere;　　VII 418-25
> (だって本当に，わたしはすべてをわたしの着物に遣ったんで，浪費したのではありません。だってわたしはあなたの名誉のために，いや，神様のためにと言ってもいいほどです，その金をふさわしいように使ったんですからね。どうか怒らないで下さいまし。笑って楽しもうじゃありませんか。あなたにはわたしの生き生きした身体を保証として持たせてあげますよ。わたしは寝床の中以外ではあなたにお支払いをしませんことよ。わたしをお許し下さいね，親しいわが夫よ。)

wedde「保証」としてここで提供されるものは，妻の体である。OED はこの語が文脈的に用いられることを指摘している。

> †**2.** In various phrases the n. assumes the contextual sense: The condition of being pawned, mortgaged, given up as a hostage, etc. (Cf. <u>PLEDGE</u> n. 6.) *Obs.* **a.** ***to, in wed*** : as a pledge or hostage. ***in wed of***: as security for (a

payment, etc.). Beowulf –

paye の二義性は既に述べたとおりである。

　商人はどうしようもなく，しかりとばしても意味がないので，妻を許す。

> This marchant saugh ther was no remdedie,
> And for to chide it nere but folie,
> Sith that the thyng may nat amended be.
> "Now wyf," he seyde, "and I foryeve it thee;
> But, by thy lyf, ne be namoore so large.
> Keep bet thy good, this yeve I thee in charge."
>
> 　　　　　　　　　　　　　　　VII 427-32

（この貿易商は何の施す術もないのを見てとりました。叱ってみたことろで愚の骨頂というところでしょう。だってこのことはもうとりかえしのつかないことなんですから。「ねえ，お前」と貿易商は言いました。「わたしはお前を許すことにするよ。だがお前さんの命にかけてもな，もう二度とこんなに気前よくふるまってはなりませんよ。わしの財産には前よりもよく気を付けておくれ。このことをわたしはお前にお願いしておくよ。）

語り手は商人の立場に立って彼の認識を伝えている。彼にとっては thyng「このこと」は妻の言った「すべてをわたしの着物に遣った」である。全てを見通している聴衆・読者から見れば，「妻が修道僧に体で借金を返したこと」（この行為自体は彼女が夫に何度も繰り返していること）である。OED は thing について初期近代英語からであるが，次の概念を規

c. Used indefinitely to denote something which the speaker is not able or does not choose to particularize, or which is incapable of being precisely described. 1602 —

MED は，この概念に対しもっと積極的で次のように規定している。

13a. With weakened or no semantic content, used instead of a more precise term: (a) where a more precise word was not or appears not to have been available to the writer or speaker; (b) as a euphemism: a genital part; **prive** ~; (c) for an unspecified amount or measure.
b) (c1395) Chaucer *CT.WB.*(Manly-Rickert) D.121: Membres ..of generacioun.. were maad for purgacioun Of vryne, and oure bothe thynges smale Was eek to knowe a female from a male. **a1500 *Burg.Pest.(2)* (Sln 2320)** 74/75: Yef the matier appere in ye innermore syde of the privye thing, blede on ye fote.

商人は large を「気前よく」（ふるまってはなりませんよ）の意味で用い，妻の金銭の浪費を注意している。しかし語り手のこの語の選択は，聴衆・読者に対しては彼女が「（お金ではなく）体について気前よく」の意味も許している。OED は気前よさがお金に限らないとして，次のように規定している。

†**13.** Of speech, etc.: Free, unrestrained; (in bad sense)

> lax, licentious, improper, gross *Obs.* c1374—

goodは商人の視点から見れば,「財産」(OED s.v. 7. Property or possessions. c950–) であるが, 聴衆・読者から見れば「妻の操」である。good manはgood「財産」の管理に専心し, その意味で能力を発揮しているが, good「(最も足下にある財産)妻の操」を管理するには無能力である。

語り手は物語の終わりを告げる。

> Thus endeth my <u>tale</u>, and God us sende
> <u>Taillynge</u> ynough unto oure lyves ende. Amen.
> VII 433-4

(さあ, このようにしてわたしの話は終わりました。神様がわれらの命の終わりまで, 十分な勘定書を送って下さいますように。アーメン。)

語り手は tale「話」を tail「尻尾(性器)」及び taille「割符」と重ね合わせて使用している。MEDはtalienについてa) To record (a transaction) by scoring a tally stickと規定している。Taillynge「割符を刻むこと」を文脈的に「割符(セックス)でお返しすること」と捉えると,(夫の妻に対する義務のように)妻の夫に対する義務を示すものであろう。『カンタベリー物語』のそれぞれはこのような神への祈願で終わるが, 本作品も物語内容を凝縮する適切な締めとなっている。

おわりに

「船長の話」において修道僧は商人を騙し, 彼の妻を騙し, 彼らを笑いものにする。商人は商品の売買において商才を

発揮するにも拘わらず，自分の最も近いところにある商品，妻の管理においては全く無能である。一方面で力を発揮し専心するが故に，他方面では逆に無知になるという人間的弱さは，いつの世にもある普遍的な問題である。

チョーサーのファブリオを言葉遊びの観点から捉え直してみた。本作品では，金とセックスが言葉遊びの中心的なコンセプトとなっていた。金とセックスの融合はその是非はともかく時代を超えて存続しているものである。中世という時代設定ではあるが，ファブリオで追求されているものは人間のリアリズムであり，そこで展開する騙し合いは現代にも十分に通じる笑いをもたらしている。

言葉遊びは意味が重層的に発展する。本作品では視点の階層性が明らかで，狭く閉ざされた視点を持つ人物と全体を通して見ることでのできる聴衆・読者が設定されていた。言葉遊びのいわゆる伏せられた意味は，人物の中で誰よりも高い視点に立つ修道僧と物語全体を見通している聴衆・読者に読み取られるものであった。

ところで修道僧は決して誰からも笑われない存在であろうか。修道僧が二人をペテンにかけて商人の妻を寝取る能力は，そのような能力を発揮すればするだけ，彼の本来の業務から逸脱する。修道院に閉じこもり質素に自給自足の生活を送り，神の祈りに専心する姿はここには全く見えてこない。カンタベリーへの巡礼者の一人である修道僧，狩が好きでやたらと外回りに興じ，女性関係が深い修道僧と，大同小異である。物語の中での勝利者，修道僧は彼の行為の是非を見通

す聴衆・読者によって笑いの的となるのである。

笑いが視点の移動と意味の移動を通して，一つのアートに洗練されていく一端を明らかにした。

参考文献

Abraham, David H. 1977. "Cosyn and Cosynage: Pun and Structure in The Shipman's Tale." *The Chaucer Review*, Vol. 11, No. 4, 319-27.

秋元実治. 2002. 『文法化とイディオム化』ひつじ書房.

秋元実治・保坂道雄編. 2005. 『文法化の新たな展開』英潮社.

Brinton, Laurel J. 2002. "Grammaticalization versus lexicalization reconsidered: on the late use of temporal adverbs." In Teresa Fanego, et al. eds., *English Historical Syntax and Morphology*, 69-97, Amsterdam/Philadelphia: John Benjamins.

Brinton, Laurel J. and Elizabeth Closs Traugott. 2005. *Lexicalization and Language Change*. Cambridge: Cambridge University Press.

Burnley, D. 1983. *A Guide to Chaucer's Language*. London: Macmillan.

Burnley, J. D. 1992. "Lexis and Semantics." In *The Cambridge History of the English Language. Vol. II 1066-1476*, Norman F. Blake (ed.), 409-99. Cambridge: The Cambridge

University Press.

Bryan, W. F. and Germaine Dempster. eds. 1941. *Sources and Analogues in Chaucer's Canterbury Tales.* London: Routledge and Kegan Paul.

Bybee, J. et al. 1992. *The Evolution of Grammar.* Chicago and London: The University of Chicago Press.

Davis, N. et al. eds. 1979. *A Chaucer Glossary.* Oxford: Clarendon Press.

Donaldson, E. Talbot. 1970. *Speaking of Chaucer.* University of London: The Athlone Press.

Empson, W. [1930] 1947. *Seven Types of Ambiguity.* Harmondsworth: Penguin Books.

Fulton, Helen. 2002. "Merchant's Ideology in Chaucer's Shipman's Tale." *The Chaucer Review*, Vol. 36, No. 4, 311-28.

Gallo, Ernest A. 1971. *The Poetria Nova and Its Sources in Early Rhetorical Doctirne.* The Hague・Paris: Mouton.

Hopper, Paul and Elizabeth Closs Traugott. 2003. *Grammaticalization.* Cambridge: Cambridge University Press.

Joseph, Gerhard. 1983. "Chaucer's Coinage: Foreign Exchange and the Puns of The Shipman's Tale." *The Chaucer Review*, Vol. 17, No. 4, 341-57.

Keiser, George R. 1978. "Language and Meaning in Chaucer's Shipman's Tale." *The Chaucer Review*, Vol. 12, No. 3, 148-61.

Kurath, H., S. M. Kuhn, and R. E. Lewis. eds. 1952–2001. *Middle English Dictionary* (本文では MED と略記). Ann

Arbor: The University of Michigan Press.

Leech, G. 1969. *A Linguistic Guide to English Poetry*. London: Longman.

Masui, Michio. 1964. *The Structure of Chaucer's Rime Words: An Exploration into the Poetic Language of Chaucer*. Tokyo: Kenkyusha.

桝井迪夫訳. 1995. 『完訳カンタベリー物語』(中) (岩波文庫 32-203-2) 岩波書店.

中尾佳行. 2004. 『Chaucer の曖昧性の構造』松柏社.

Pearsall, Derek. 1985. *The Canterbury Tales*. London: George Allen and Unwin.

Rogers, William E. 1986. *Upon the Ways: The Structure of The Canterbury Tales*. University of Victoria, B. C., Canada: English Literary Studies.

Ross, Thomas W. 1972. *Chaucer's Bawdy*. New York: E. P. Dutton and Co., Inc.

Scheider, Paul Stephen. 1997. " 'Taillynge Ynough': The Function of Money in The Shipman's Tale." *The Chaucer Review*, Vol. 11, No. 3, 201-9.

Simpson, J. A. and E. S. C. Weiner. eds. 1989. *The Oxford English Dictionary* (本文では OED と略記). 2nd ed. Oxford: Clarendon Press.

外山滋比古. 1964 (1981. 8th pr.). 『修辞的残像』みすず書房.

Traugott, E. C. 1989. "On the Rise of Epistemic Meanings in English: An Example of Subjectification in Semantic Change." *Language* 65: 31-55.

Willoughby, Rupert. 1997. *Life in Medieval England 1066-1485*. The Pitkin Guide.

Willoughby, Rupert (1997) より

チョーサーの英語と笑い

地 村 彰 之

はじめに

　ジェイン・オースティン (1775-1817) が書いた『高慢と偏見』の第 10 章の冒頭である。ベネット家の長女ジェインが病気のためビングリー家でお世話になっている。夕方，大勢の人がいる客間に妹のエリザベスも入りその場を客観的に観察する。ビングリー氏の妹（ミス・ビングリー）は繰り返し「ダーシーさんの妹さんへよろしくお伝えください」などと言い，また彼の筆跡などを休みなくほめ続け，しきりにダーシー氏の気を引きつけようとするが，完全に無視されてしまうところは愉快である。

> The day passed much as the day before had done. Mrs. Hurst and Miss Bingley had spent some hours of the morning with the invalid, who continued, though slowly, to mend; and in the evening Elizabeth joined their party in the drawing-room. The loo table, however, did not appear. Mr. Darcy was writing, and Miss Bingley, seated near him, was watching the progress of his letter, and repeatedly calling off his attention by messages to his sister. Mr. Hurst and Mr. Bingley were at piquet, and Mrs. Hurst was observing their game.

Elizabeth took up some needlework, and was sufficiently amused in attending to what passed between Darcy and his companion. The perpetual commendations of the lady either on his hand-writing, or on the evenness of his lines, or on the length of his letter, with the perfect unconcern with which her praises were received, formed a curious dialogue, and was exactly in unison with her opinion of each. (p. 34)

(その日も一日,別に前の日とかわりなかった。ミセス・ハーストとミス・ビングリーとは,例によって朝のうちの何時間か,病人のそばですごした。ジェインは,まことに除々にとしてではあったが,快方に向かっていた。夜になってから,エリザベスは,例の客間のパーティに加わったが,どうしたことか,ルーの卓は出なかった。ミスター・ダーシーは手紙を書いているし,ミス・ビングリーは,すぐそのそばに坐って,手紙のはかどりをじっとながめている。ただし,またしても彼の妹への伝言を言いだして,彼の注意をかきみだすのだった。ミスター・ハーストとミスター・ビングリーは,トランプのピケットをやっているし,ミセス・ハーストは,横に坐って,じっと勝負をながめている。

エリザベスは,針仕事をはじめていたが,聞くともなしに,ダーシーとミス・ビングリーとの会話を聞いていると,なんともじつに面白い。あら,字がお上手ねだとか,よくまあきれいに行のそろっていることだとか,さてはまた,なんて長いお手紙なのよとか,しきりにミス・ビングリーがほめあげるのを,これはまた相手は,いくらほめられても完全に風馬牛,それだけに二人の会話は,たまらなく奇妙で面白い。そしてこの二人の男女に対するエリザベスの人

間評価とも，完全に符合するのだった。)（日本語訳は，中野好夫訳『自負と偏見』「オースティン・ブロンテ」(世界文学大系 28, 筑摩書房, 1960) による。)

　語り手は "repeatedly calling off his attention by messages to his sister"（ただし，またしても彼の妹への伝言を言いだして，彼の注意をかきみだすのだった）や "The perpetual commendations"（しきりにミス・ビングリーがほめあげるのを）のように，執拗に攻め立てているビングリー嬢とそれを "the perfect unconcern"（完全に風馬牛）のように完全にシャットアウトしてしまうダーシー氏の様子を，反復，普遍，一貫性を示す副詞や形容詞の使用とともに，対照的に描写している。思わず噴出したくなるところであるが，さらにその場面は頭の回転の速い冷静なエリザベスの目線を通して描かれているのである。読者が愉快に感じる前に作品の主人公エリザベスがそれを感じている。そして，それを作者は語り手に何気ない修飾語を使うことで軽妙にそのような楽しい雰囲気を醸し出していると考えることが出来る。このように考えると，作者の視点はたえず複眼的に働いていて，笑いについては読者・登場人物・作者という少なくとも三つの視点から考察することが可能になる。

　このようにオースティンの一節について言えることは，今回のテーマであるチョーサーの笑いについてもあてはまる。読者・聴衆の笑いについては，「粉屋の話」と「家扶の話」を取り上げる。登場人物の笑いについては，『トロイラスとクリセイダ』の主人公たちを扱う。最後に，作者の笑いについ

ては,『カンタベリー物語』「総序の詩」の人物描写に込められている微妙なアイロニーと笑いについて触れてみたい。ただ, 注意しないといけないのは, 今回チョーサーの笑いについて大まかに分けることでその概略を指摘することである。それぞれの笑いにおいて, その項目で扱っている笑いですべての問題が解決するわけではない。「粉屋の話」と「家扶の話」の中にも, 登場人物の笑いなどを感じさせるところはあるし, その他でも同じである。個々の問題については, それぞれの作品論を述べる場合に改めて考察することにする。したがって, 本論では以下の順にチョーサーの笑いをまとめていくことにする。

(1) 読者・聴衆の笑い ─ 粉屋の話, 家扶の話など
(2) 登場人物の笑い ─ 『トロイラスとクリセイダ』
(3) 作者の笑い ─ 『カンタベリー物語』「総序の詩」の人物描写

1. 読者・聴衆の笑い ─ 粉屋の話, 家扶の話など

(1) 「粉屋の話」

チョーサーは, ファブリオにおいて聴衆を笑わせる話を語る。「粉屋の話」では, 家の窓が巧みに卑猥な場面で使われる。もちろん, この話の前に語られた「騎士の話」と対照的な内容であり, 物語の配置の上でも面白いことは周知のことである。

この作品では, 家の窓が劇的な役割を果たす。その機能を述べる前にまず作品のストーリーを要約する。若い学生の

ニコラスがオックスフォードに住むジョンという名前の裕福な大工の家に下宿している。大工の女房であるアリスンは, 18歳である。彼女は性的にも魅力いっぱいでこの家で何かハプニングが起こってもおかしくない。ニコラスは部屋に閉じこもり, アリスンと関わりを持つための入念に手の込んだ計画を練る。天文学に虜になっている人物であり, ノアの洪水より恐ろしいことが起こると予言し, その災難を逃れる方法を示唆する。ニコラス, アリスン, ジョンの三人は別々に天井からぶら下がっている桶に入る。ニコラスとアリスンは物音を立てずに桶から抜け出し, 最高の時を過ごす。その後, ずっとアリスンを恋焦がれていたアブソロンが, 大工のジョンが留守に思われたから, 彼女に求婚するためにその家にやって来る。彼は寝室の窓の側でアリスンに愛の告白をするが, 無駄に終る。彼は有無を言わせぬぐらいにはっきりと拒絶される。

>He rometh to the carpenteres hous,
>And stille he stant under the shot-wyndowe –
>Unto his brest it raughte, it was so lowe –
>And softe he cougheth with a semy soun:
>"What do ye, hony-comb, sweete Alisoun,
>My faire bryd, my sweete cynamome?
>Awaketh, lemman myn, and speketh to me!
>Wel litel thynketh ye upon my wo,
>That for youre love I swete ther I go.
>No wonder is thogh that I swelte and wete;
>I moorne as dooth a lamb after the tete.

> Ywis, lemman, I have swich love-longynge
> That lik a turtel trewe is my moornynge.
> I may nat ete na moore than a mayde."
> "Go fro the wyndow, Jakke fool," she sayde;
>
> (MillT,I(A), 3694-3708)

(彼は大工の家の方にぶらりと歩いて行きます。開き窓の下に静かに立ちます－窓はとても低くて胸の辺まで届いたぐらいです－彼は静かに，小さな声で咳ばらいをして言います，「いとしいお方，美わしのアリスーンよ。何をしているの？ああ，わが美わしの小鳥さん，ああ，わたしの甘美な肉桂さん。目をおさまし。わたしのいい人，わたしに口をきいておくれ。あなたはわたしの悩みをちっとも考えてくれないんだもの。わたしは行くところどこだってあなたに恋い焦がれて悩んでいるんだよ。悩んで気が遠くなったって別に不思議じゃないんだよ。母親の乳首をほしがっている仔羊みたいにわたしは焦がれているんだよ。ちょうどあの恋のきじ鳩みたいに嘆き悲しんでいるんだよ。わたしは乙女ほどにも物が喉に通らないんだ」「あっちに行きなさい，ジャックのお馬鹿さん。……」）（桝井迪夫訳，以下一部を除いて『カンタベリー物語』の訳は桝井による。）

　ここでは，家の戸口の代わりに窓が恋愛沙汰に利用される。アブソロンはこの家の中での愛人ではなく，アリスンは若者のニコラスと極秘の楽しい関係を持っているのであるから，この窓が用意周到に閉ざされていても何ら不思議ではない。家の内側から彼女がアブソロンに向かって「あっちへ行きなさい」と言われて当然である。

アブソロンは，悲しくも必死に彼女に少なくともキスだけでもしてほしいとお願いする。ここで破廉恥きわまる場面が聴衆の前で曝け出される。

> The wyndow she undoth, and that in haste.
> "Have do," quod she, "com of, and speed the faste,
> Lest that oure neighebores thee espie."
> This Absolon gan wype his mouth ful drie.
> Derk was the nyght as pich, or as the cole,
> And at the wyndow out she putte his hole,
> And Absolon, hym fil no bet ne wers,
> But with his mouth he kiste hir naked ers
> Ful savourly, er he were war of this.
> Abak he stirte, and thoughte it was amys,
> For wel he wiste a womman hath no berd.
>
> (MillT,I(A),3727-37)

(彼女は窓を開けます。それもとても急いで。「さあ，やった。さあ，さあ，お前さん，早くやってよ。隣の人がお前さんを見つけるといけないからねえ」アブソロンはからからになるまでよく口を拭きました。夜の暗いことといったら，瀝青や石炭みたいでした。そして窓のところから外へ彼女は自分の尻をさし出しました。アブサロンは－つまり，よくもわるくも，こんなことが起こったのです－彼の口でもって彼女の一糸まとわぬそこに接吻しました。さもうまそうに。それははっと気がつく前のことでした。ぎょっとして彼はあとずさりしました。そしてこれは何かのまちがいだと思いました。だって女には髭がないということを

彼は知っていましたから。)

　アブサロンは窓から突き出たアリスンの御居処に燃えるような熱烈な接吻をしたことを知り，怒り狂う。真の愛を得たと考えたことは無駄なことであった。このまま終ってしまえばそれまでであるが，アブサロンは窓のところに戻ってきて彼女に対する復讐をする。窓を使って成功を収めたものが皮肉なことに後でしくじる。腸が煮えくり返っているアブソロンは鍛冶屋に行き，真っ赤に焼けた鋤の刃を持ってきて矢のように早く大工の家の寝室がある窓のところに行き，前回と同じことをお願いする。

>   He cogheth first, and knokketh therwithal
>   Upon the wyndowe, right as he dide er.
>   This Alison answerde, "Who is ther
>   That knokketh so? I warante it a theef."
>   "Why, nay," quod he, "God woot, my sweete leef
>   I am thyn Absolon, my deerelyng.
>   Of gold," quod he, "I have thee broght a ryng.
>   My mooder yaf it me, so God me save;
>   Ful fyn it is, and therto wel ygrave.
>   This wol I yeve thee, if thou me kisse."
>   This Nicholas was risen for to pisse,
>   And thoughte he wolde amenden al the jape;
>   He (:Absolon) sholde kisse his (:Nicholas's) ers er that
>   he scape.
>   And up the wyndowe did he hastily
>   And out his ers he putteth pryvely

Over the buttok, to the haunche-bon;
(MillT,I(A),3788-803)

(まず，咳ばらいをしてそれからさっきやったように窓をこつこつとたたきます。アリスーンは答えました，「そんなにたたいているのは一体だれ？きっと泥棒にちがいない」「とんでもない。わたしのかわいい人よ，わたしはお前のアブサロンだよ。ねえ，わたしのかわいいお前さん」と彼は言いました。「わたしはお前さんに金の指輪をもってきてやったよ。わたしのおふくろがくれたやつさ。ほんとだぜ。とってもきれいだし，それにうまく彫ってあらあ。これをお前さんにあげようぜ。もしお前さんがわたしにキスしてくれるんなら」わがニコラスは小用のため起き上がりました。彼は冗談をさらに面白くしようと思いました。つまり奴（やっこ）さんが逃げないうちに自分の尻にキスさせてやろうというわけです。そこで彼は急いで窓を開け，こっそりとお尻をめくって腰骨のところまでにゅっと出しました。）

このようにニコラスがでっち上げた出来事，ノアの洪水は「粉屋の話」の終局において，皆のものを大笑いの渦の中に巻き込み，面白おかしく表わされる。

チョーサーは，現実の世界では決して起こり得ないような滑稽な出来事を作り上げている。この作品では，窓が家の中にいる真の恋人たちアリスンとニコラスとアリスンの愛情から閉め出された片思いの愛人アブソロンとの大切な繋がりを生み出す。このように，窓が卑猥な愛を見事に作り，聴衆を笑いの渦に巻き込んでしまう。チョーサーは物語の背後に潜んでいて，窓という表現手段を最高に利用して楽しんでいる

(2) 「家扶の話」

　作品の中で方言が笑いを引き起こす例として，これから扱う「家扶の話」を取り上げることができる。楽しき一夜を過ごしたケンブリッジの学生アレンは，粉屋の娘に心からお別れの言葉を掛ける。

> Aleyn wax wery in the daweynge,
> For he had swonken al the longe nyght,
> And seyde, "Fare weel, Malyne, sweete wight!
> The day is come, I may no lenger byde;
> But everemo, wher so I go or ryde,
> I is thyn awen clerk, swa have I seel!
>
> 　　　　　　　　　　　　(Re T, I(A) 4234-39)

（バイバイ，マリン，かわい子ちゃん。朝まなったで，こごさ居（え）られね。んだども，これがらずうっと，どこさ行（え）っても，絶対（ぜってい）間違えなく，俺だばお前（め）の恋人学生だぞ。）（笹本長敬訳，チョーサー作『カンタベリー物語（全訳）』より）

　アレンは愛しの人に，ロマンスの英雄さながら，騎士が貴婦人に丁寧な別れの挨拶を述べるように，短夜の後に起こるきぬぎぬの別れのつらさを北部方言によって表している。宮廷に住む身分の高い人たちが使う言葉とは対照的に，農民が使うような田舎ものの言葉は，聴衆にとって伝統的な騎士道や宮廷愛が戯画化され滑稽に表されているように感じられるため，笑いを引き起こす。方言がユーモラスな雰囲気を醸し

出している。これは北部方言を使う学生たちが，悪知恵を利用する粉屋に対して勝利を収めたことを意味している。

このように，この作品では学生たちの使う北部方言が効果的に使われるが，一方この作品の語り手である家扶やこの作品の中に登場する粉屋シムキンは北部方言を使わない。この作品では方言を使わない人物が偽善的な性質を見せる。粉屋とその家族が上流階級・知的階級に属しているようなふりをしているところで，聴衆・読者に笑いを引き起こす場面をこの節で見ていく。

粉屋の二枚舌について見ていく。まず家扶によって粉屋は次のようにこっぴどく皮肉を込めて表される。

> A millere was ther dwellynge many a day.
> As any pecok he was proud and gay.
> (Re T, I(A) 3925-26)

（さて，粉屋がそこに長年住んでおりました。粉屋は孔雀のように高慢で派手な男でした。）

この直喩は，響きあう頭韻（"pecok" と "proud" の語頭音に見られる頭韻）とともに使われ，粉屋の虚栄心やうぬぼれ心の強い性質を象徴的に表している。*OED* は "a type of ostentatious display and vainglory" と語義を説明している。このような偽善的性質は次の引用文でも示される。

> He was a market-betere atte fulle.
> Ther dorste no wight hand upon hym legge,
> That he ne swoor he sholde anon abegge.

(Re T, I(A) 3936-38)

(彼はしょっちゅう市場を喧嘩腰でほっつき歩いてすぐに仕返しをするぞとすごんでみせるので，あえて相手になろうとする者はおりません。)

"market-betere" は，*OED* では "one who idles or lounges about a market." *MED* では "one who loiters around a market place, an idler." のように説明され，市場あたりをぶらぶらして遊んですごす人間である。粉屋は虚勢を張るのが得意で自分を人よりも偉いと思う癖がある。彼は虚栄心に加えて，容易に感情を害しやすいところがある。周りの人たちは怖くて粉屋に近寄りがたい。このように，語り手に徹底的に憎まれている粉屋は，大事なものをいつも盗む泥棒の常習犯として描かれる。

> A theef he was for sothe of corn and mele,
> And that a sly, and usaunt for to stele.
>
> (Re T, I(A) 3939-40)

(この男は穀物も粗粉も平気で盗んでおりました。ずるくて盗みの常習犯でした。)

ここで，"for sothe"「本当のことを言うと」に見られるように，語り手は粉屋の真の性質を露にする。このような真の姿は絶えず水面下に隠している。そして，彼の外観がユーモアたっぷりの表現で置き換えられるところは，聴衆を笑わせ

るところである。

> Round was his face, and camus was his nose;
> As piled as an ape was his skulle. (Re T, I(A) 3934-35)

（丸顔で獅子っ鼻で，頭は猿みたいに禿げていました。）

この "camus" は，*OED* では "Of the nose: low and concave.", *MED* では "Of the nose: turned up, pug, refroussé; ?as surname: the pug-nosed." と説明されており，彼の顔は決してハンサムとは言えず，丸顔で鼻も丸く天を仰ぐようなところあり，頭は "piled" (*OED* では "deprived or bereft of hair, feathers, etc., bald, shaven, tonsured", *MED* では定型句で "bald as an ape (a magpie)" と説明されている) のように，禿げ頭である。猿のように禿げていて，典型的な醜男として描かれている。尊大な人間が蹴落とされることは，思わず笑いを誘う。

粉屋シムキンの妻も虚栄心が強く，語り手から同じように非難される。

> A wyf he hadde, ycomen of noble kyn;
> The person of the toun hir fader was.
> With hire he yaf ful many a panne of bras,
> For that Symkyn sholde in his blood allye.
> She was yfostred in a nonnerye;
> For Symkyn wolde no wyf, as he sayde,
> But she were wel ynorisshed and a mayde,

To saven his estaat of yomanrye. (Re T, I(A) 3942-49)

（彼は家柄のいい細君をもらっていました。彼女の父親は町の教区司祭で，嫁にやるとき彼女にたくさんの高価な真鍮鍋をもたせてやりました。それもシムキンが自分の家と姻戚になるので，と思ってのことでした。彼女は尼僧院で養育をうけました。シムキンは日ごろ，教養があってしかも処女でなければ妻に娶らないと言っていましたから。それも自分の郷士の地位を確保したい一念からでした。）

彼女は高貴な家系の出であると述べられているが，スペアリングはこの箇所が軽蔑的な皮肉を示すと述べる。形容詞 "noble" は，もちろん典型的な身分の高さを表すが，その類型的な性質を逆用して皮肉に使われている。この夫婦の結婚のときに持参された花嫁道具である "bras"（真鍮）という語にも皮肉が込められているという。つまり，真鍮は "allye"(=alloy) のように合金のような混ざり物と考えられる。文字通りでは，彼らの結婚という縁組となる "allye"(=ally) ことを意味しているのであるから，高貴な結婚と思われていることが，実は混ざり物の縁組と考えられてもおかしくはない。表裏二重意味が生み出す皮肉である。彼らの実態はワードプレイという手法によって間接的に批判されているが，読者・聴衆は粉屋の妻の実体を知り，一種のブラックユーモアを味わう。実際，語り手は形容詞と直喩を巧妙に使いながら，彼女の姿を露にする。

And she was proud, and peert as a pye.
A ful fair sighte was it upon hem two;

On halydayes biforn hire wolde he go
With his typer wounde aboute his heed,
And she cam after in a gyte of reed;
And Symkyn hadde hosen of the same.
Ther dorste no wight clepen hire but "dame";
Was noon so hardy that wente by the weye
That with hire dorste rage or ones pleye,
But if he wolde be slayn of Symkyn
With panade, or with knyf, or boidelyn.
For jalous folk ben perilous everemo –
Algate they wolde hire wyves wenden so.
And eek, for she was somdel smoterlich,
She was as digne as water in a dich,
And ful of hoker and of bisemare. (Re T, I(A) 3950-65)

(その上，彼女は気位が高くて鵲みたいにおしゃべりでした。この二人を見るのはなかなかいい眺めでした。祭の日など，この粉屋は頭のまわりに頭巾の垂れ帯巻いて細君の前を歩いて行ったものでした。シムキンも同じ赤色の長靴下を着けていました。誰も「奥さん」よりほかの呼び名でこの細君をあえて呼ぼうとするものはいませんし，道行く人で彼女にたわむれたり，軽くふざけて冗談を言ったりするほどの強者もいませんでした。反り身の短刀や，ナイフや短剣でシムキンに切り殺されたいなら別の話ですが。嫉妬深い人たちはいつも危険なものですからな。とにかくそういう連中は，自分の女房たちにそう思わせておきたいものです。さて，粉屋の細君は出が少々うすよごれていたんで，溝の水みたいにぷんとにおいが鼻につきました。それに人をさげすんだり，見下したりするようなふるまいがあ

りました。）

　彼女は夫のシムキンとよく似た性格である。彼女のプライドの高さは赤色（"reed"）に象徴されている。頭韻句 "peert as a pye" において，形容詞の "peert" は *OED* の初出例で "forward in speech and behaviour; unbecomingly ready to express an opinion or give a sharp replay; saucy, bordering upon 'cheeky'; malspert:…Said usually of children, young people, or persons inferior position, such as are considered to be too 'uppish' or forward in their address." を意味している。*MED* は "3.(c) apt, clever; cunning; of words: subtle" と説明している。結局，シムキンの妻は決して上流階級に属しているとは言えず，高貴な家の出でもない。彼女が上品で生まれが良いとは言えない。それも名詞の "pye" は比喩的に "a chattering or saucy person." を示している。形容詞の "smoterlich" は *OED* 及び *MED* の初出例で "besmirched in reputation" を意味し，彼女の出生の謎つまり庶出の娘であることを暗示している。ここの形容詞の意味は曖昧であるが，はっきりしていることは彼女の性格に二面性があることである。言葉の意味を理解した聴衆・読者はまたもブラックユモアを感じてしまう。

　次に，彼らの娘も皮肉な描き方をされ，笑いの対象となる。

　　　This wenche thikke and wel ygrowen was,
　　　With kamus nose and eyen greye as glas,
　　　With buttokes brode and brestes rounde and hye.

But right fair was hire heer, I wol nat lye.
This person of the toun, for she was feir,
In purpos was to maken hire his heir,
Bothe of his catel and his mesuage,
And straunge he made it of hir mariage.

(Re T, I(A)3973-80)

(娘さんの方はずんぐりして，とても栄養がよく，鼻は平べったく，目はガラス玉のように涼しい青色で，お尻は大きく，丸くて高い胸をしていました。だが，本当のところ，とても美しい髪の毛をしていました。この町の教区司祭は，孫になる粉屋の娘が美しかったので，彼の財産や家屋敷の跡取りにしようともくろんでいました。それで彼女の結婚のことではやかましく言いました。)

　彼女は，百姓の鼻を象徴するような獅子鼻をしていることを除けば，グラマーな女性である。また，彼女は大きなお尻をしていることを除けば，『カンタベリー物語』の「序の詩」に登場する女子修道院長を連想させるほどセクシーな女性である。彼女の目はガラス玉のように透き通っており，それはさながらロマンスのヒロインのようであった。形容詞の"proud"がシムキンをその妻と結びつけたように，形容詞の"camus"がシムキンとその娘の縁結びをしているものであろう。彼らの娘は，その庶民的な鼻と馬鹿でかい尻によって，高貴な血筋の家系には属さないことが示されている。しかし，語り手の目には，彼女を描写するのに，中世の「美の場」において中心的な位置に存在する形容詞"fair"や"feir"が用

いられるとき，微妙に変化してくる。彼女の鼻や尻の格好によって，形容詞 "fair" の意味を文字通りにはとることはできず，聴衆は思わず噴出したくなるが，語り手は何か彼女に対して同情の気持ちを感じているようなところがある。この娘が学生によって操を奪われて後，粉屋が "Who dorste be so boold to disparage / My doghter, that is come of swich lynage?" (4271-72)（どこに一体，こんな良い家の娘の名誉を汚す勇気のある奴がいるか）と言うところなど，目の中に入れても痛くないように大事に育てられすぎた娘をかばう親ばかの気持ちが感じられる。"disparage" にはただ単に「不名誉を与える」と意味だけではなくて，「身分の低いものと結婚することによって身をいやしめる」という二重の意味が込められている。聴衆は彼女がどのような家系の出であるか知っているので，娘の名誉を汚すと言われると，見せかけと実体のずれを感じ薄笑いをしてしまう。

最後に，粉屋の真の姿を暴くようなユーモアのある場面を取り上げる。

> For therbiforn he stal but curteisly,
> But now he was a theef outrageously,
>
> (Re T, I(A) 3997-98)

（以前は礼儀正しく失敬していたのですが，今や恥も外聞もない大っぴらな盗っ人というわけでした。）

この二行連句は副詞-ly で脚韻を踏み，しかも対照的な意味内容を示す語を並べているところは，礼儀正しさと恥も外

聞もない様子が並列的に結び付けられているため，読者・聴衆をおかしい気持ちにさせる効果があると言っても間違いではなかろう。粉屋の二枚舌の性質を面白おかしく見事に描出したものであろう。

このように，「家扶の話」では自らを高貴なものであると自認している粉屋とその家族が，北部方言を使う二人の田舎出身の若者によって打ちのめされることによって，面白さが倍増している。

2．登場人物の笑い ──『トロイラスとクリセイダ』

(1) クリセイダと彼女の友達の笑い

第4巻で人質交換に連れて行かれるクリセイダを慰めるために友達が集まり，おしゃべりに花を咲かせる。当の本人は気がほかのところに行ってしまっているので，にぎやかな明るい女性たちの雰囲気と心は離れざるを得ないトロイラスのところにあるクリセイダとの対照的なところも面白い。クリセイダの友達の笑いは登場人物の笑いと言えるが，二つのものを対照して生まれる笑いは，第1節で扱った読者聴衆の笑いに通じるものである。

> But as men seen in towne and al aboute
> That wommen usen frendes to visite,
> So to Criseyde of wommen com a route,
> For pitous joie, and wenden hire delite;
> And with hire tales, deere ynough a myte,
> Thise wommen, which that in the cite dwelle,
> They sette hem down and seyde as I shall telle.

Quod first that oon, "I am glad, trewely,
Bycause of yow, that shal youre fader see."
Another seyde, "Ywis, so nam nat I,
For al to litel hath she with us be."
Quod tho the thridde, "I hope, ywis, that she
Shal bryngen us the pees on every side,
That, whan she goth, almighty God hire gide!"
Tho wordes and tho wommanysshe thynges,
She herde hem right as though she thennes were;
For God it woot, hire herte on other thing is.
Although the body sat among hem there.
Hire advertence is alwey elleswhere,
For Troilus ful faste hire soule soughte;
Withouten word, on hym alwey she thoughte.

(4.680-700)

(町でもどこでも，婦人たちがよく友達を訪問するものだということは，人の知るところですが，クリセイデの許には，悲喜相半ばする気持ちで，婦人たちが大勢連れ立ってやって来て，彼女の心を楽しませようとしました。町に住んで居るこれらの婦人たちは，愚もつかないお喋りをしながら，腰をおろした上で，つぎのように語るのでした。まず一人の婦人が言いました，「あなたの為に心からお喜び申し上げますわ，だってお父様にお会いになれるのですもの。」今一人の婦人が言いますには，「わたしは別の気持ちよ，たしかに。だって，この方とご一緒にいられたのも束の間ですもの。」第三の婦人は言いました，「クリセイデさんのお陰で，きっと，わたしたちの町がすっかり平和になると思いますわ。お出かけになる時，神様がクリセイデさんをお導き

チョーサーの英語と笑い　163

くださいますように!」これらのお喋りや女らしい言葉も，クリセイデは自分がその場に居合わせないかのように，上の空で聞いていたのでした。たしかに，心は別のことの上に置かれていたからです。からだはこれらの婦人たちの中に坐っているのですが，心は絶えずあらぬ方に注がれていました。心はしきりにトゥローイラスを追い求め，無言のままで，彼女は絶えず彼のことを考えていたのです。)(宮田武志訳，以下『トロイラスとクリセイデ』の訳は宮田による。)

(2) パンダルスとクリセイダの笑い

　パンダルスはクリセイダの叔父であるためか，二人は大変親しい関係である。パンダルスが彼女の家を突然訪れたときにも，クリセイダは歓迎しすぐに手をとって椅子に座らせる。彼女がにこやかに笑顔を見せながら「昨夜三度も叔父さんの夢を見た」と言って，パンダルスを迎えている。そして，何かいい話がありそうなことを臭わせるパンダルスのスピーチに対し，彼女が逆に言葉尻を捕らえてからかったものであるから，その場のものが一同大笑いをするところである。和やかな会話を楽しむ雰囲気が伝わってくる。

> Whan he was come unto his neces place,
> "Wher is my lady?" to hire folk quod he;
> And they hym tolde, and he forth in gan pace,
> And fond two othere ladys sete and she,
> Withinne a paved parlour, and they thre
> Herden a mayden reden hem the geste
> Of the siege of Thebes, while hem leste.

Quod Pandarus, "Madame, God yow see,
With youre book and all the compaignie!"
And up she roos, and by the hond in hye
She took him faste, and seyde, "This nyght thrie,
To goode mot it turne, of yow I mette."
And with that word she doun on bench hym sette.
"Ye, nece, yee shal faren wel the bet,
If God wol, al this yeer," quod Pandarus;
"But I am sory that I have yow let
To herken of youre book ye preysen thus.
For Goddes love, what seith it? telle it us!
Is it of love? O, som good ye me leere!"
"Uncle," quod she, "youre maistresse is nat here."
With that thei gonnen laughe, and tho she seyde,

(2. 78-99)

(姪の邸にやって来て彼は,「どこにいらっしゃる, 奥さんは?」と召使の者たちに尋ねました。召使の返事を聞いて, どんどん奥へはいって行きましたところ, 姪は他の二人の女性と一緒に, モザイク張りの居間にいましたが, 三人は侍女がテーベの包囲の物語を読むのを聞きながら, 興に入っていました。「奥さん, 結構だな, 良き書あり, 良き友あり, か」とパンダラスが言いますと, 姪は,「おや, 叔父様, ようこそ」と言いながら立ち上って, 大急ぎで叔父の手を固く握りしめ,「ゆうべは, 三度も叔父様の夢を見ましてよ, いい正夢なら, いいんだけれど」と言いながら, 叔父を椅子にかけさせました。パンダラスが言いますに,「そうだ, クリセイデ, それなら, 今年一杯, ますます運が開けるかも知れないよ。だけど悪いね, 感嘆措く能わざる本を読ま

チョーサーの英語と笑い　165

せているところを，お邪魔してさ。一体何の話なの？聞かせてくれないか，ぼくたちに。恋物語なのかい？ねえ，教えてくれないか，為になることがあれば。」「叔父様，僕たちにって，今ここには居らっしゃらないわよ，叔父様のいい方は。」この言葉を聞いて一同どっと笑いましたが，姪は更に言葉をつづけました，）

(3) トロイラスとクリセイダの笑い

　第3巻の1300行目前後，二人の楽しい夜。二人の笑い声を文字で表すことができないと述べられるほど，絶頂の状態にいる二人。二人の心が解け合って喜びの声を上げているように思われる。以下にその一例をあげる。

> "Iwys," quod she, "myn owen hertes list,
> My ground of ese, and al myn herte deere,
> Gramercy, for on that is al my trist!
> But lat us falle awey fro this matere,
> For it suffiseth, this that seyd is here,
> And at o word, withouten repentaunce,
> Welcome, my knyght, my pees, my suffisaunce!"
> Of hire delit or joies oon the leeste
> Were impossible to my wit to seye;
> But juggeth ye that han ben at the feste
> Of swich gladnesse, if that hem liste pleye! (3. 1303-13)

（クリセイデは答えました，「わたくしの心の喜び，わたくしの寛ぎのみなもと，わたくしの愛する殿下，ほんとうにありがとう存じます，だって。殿下のお言葉に，わたくし，全幅の信頼をお寄せ致しますもの。でも，このようなお話

しはよしに致しましょう，もう此処でたっぷりお話したのですから。悔いの残らないため，唯ひと言で申し上げたい言葉は，ようこそ，でございます，わたくしの騎士様，わたくしの平和，わたくしの満足！」二人の喜び，いや，それのほんの一端すら，わたくしの文才を以ってしては，表せそうにもありません。ともあれ，二人が如何に心から打ち興じたかは，このような歓喜の饗宴のおありの，皆さんのご判断にお任せすることにしましょう。)

　このような二人の歓喜の宴は，第4巻以後悲痛な溜息へと変化し，笑い声は聞こえてこない。逆に，人質交換によってクリセイダを迎え入れたギリシア側と彼女の父親カルカスが喜びの声を上げるのである。

(4) トロイラスの最後の笑い

　クリセイダの裏切りを知ったあと，怒りに狂うトロイラス。戦で雄雄しい姿を見せる。誰よりも果敢な勇姿を示したが，最後はアキレスに殺されてしまう。天上の世界に垂直に昇天していくトロイラス。地上で自らの死を悲しむ人々の様子を眺めながら，彼は笑う。

> The wrath, as I bigan yow for to seye,
> Of Troilus the Grekis boughten deere,
> For thousands his hondes maden deye,
> As he that was withouten any peere,
> Save Ector, in his tyme, as I kan here.
> But – weilawey, save only Goddes wille,
> Despitously hym slough the fierse Achille.

チョーサーの英語と笑い　167

And whan that he was slayn in this manere,
His lighte goost ful blisfully is went
Up to the holughnesse of the eighthe spere,
In convers letyng everich element;
And ther he saugh with ful avysement
The erratic sterres, herkenyng armonye
With sownes ful of hevenyssh melodie.
And down from thennes faste he gan avyse
This litel spot of erthe that with the se
Embraced is, and fully gan despise
This wrecched world, and held al vanite
To respect of the pleyn felicite
That is in hevene above; and at the laste,
Ther he was slayn his lokyng down he caste,
And in himself he lough right at the wo
Of hem that wepten for his deth so faste,
And dampned al oure werk that foloweth so
The blynde lust, the which that may nat laste,
And sholden al oure herte on heven caste;
And forth he wente, shortly for to telle,
Ther as Mercurye sorted hym to dwelle. (5. 1800-27)

(さきにちょっとお話ししかけましたように，ギリシャ軍はトゥローイラスの憤激のために，高価な犠牲を払ったのでした，といいますのは，わたしの聞き及ぶかぎりでは，その時代，ヘクターを除けば，外に並ぶ者なしと言うべきトゥローイラスのことですから，彼は何千人という敵兵の命を奪ったのです。さあれ，悲しいかな，神意とあれば是非なきことながら，勇猛なアキリーズが無慈悲にも，彼を斬り

殺してしまいました。このようにして命果つるや、軽やかな彼の魂は四大を反対側に残しつつ、いとも楽しげに第八天球層の内側に昇って行きました。そして、そこに在って彼は、天上の妙音に満ちた調べに耳を傾けながら、諸遊星をつくづく打ち眺めたのでした。次に彼はそこから、海で取り囲まれたこの眇たる一点の土塊をじっと見下ろしつづけ、このあわれな人の世を全く侮蔑しつつ、天上の至福に比べて、すべては空しいものだと思いました。最後に彼は自分の殺された場所を見下ろして、自分の死をいたく嘆く人たちの悲しみを心の中で笑い、全心を九天に向けるべきに、永続し得ない盲目的な快楽をはげしく追い求める人間の一切の営みを責めました。簡単に申しますと、かくて彼は、マーキュリーが彼の住居として定めてくれた場所へと去って行ったのです。)

3. 作者の笑い
── 『カンタベリー物語』「総序の詩」の人物描写

チョーサーの人物描写が優れていることは、さまざまな人たちによって語られてきた。特に、『カンタベリー物語』「総序の詩」の人物は生き生きとした姿を見せてくれる。もちろん、その描写の中に使われる形容詞や比喩表現が聴衆読者に対して生きた姿を提示してくれるとともに、作者自身が軽妙なアイロニーを交えて語るところはユーモアを感じさせる。以下に、「総序の詩」の人物の中でユーモアを感じるところを何例かあげる。

騎士見習いである、若々しい近習は、若いころのチョーサーさながら、文武両道を励んでいるが、恋することも烈し

い。「ナイチンゲールほどにも眠らぬ」という喩えは，自らの若い頃を振り返りながら，笑顔を見せている作者のユーモアが感じられる。

> Wel koude he sitte on hors and faire ryde.
> He koude songes make and wel endite,
> Juste and eek daunce, and weel purtreye and write.
> So hoote he lovede that by nyghtertale
> He sleep namoore than dooth a nyghtyngale.
>
> (彼は馬に乗って上手に御するすべを心得ておりました。歌を作曲し，歌詞をつくることから，馬上槍試合をしたり，また踊ったり，絵を描いたり，物を書いたりする才能に恵まれておりました。彼はじつに熱烈に恋をして，夜は小夜鳴鳥ほどにも眠らぬという有様でした。)

ロマンスのヒロインさながら，女子修道院長は眼口鼻が三拍子揃った美女である。額が1スパン（親指と小指をはったほどの広さ）あったほど広かったというところは愉快である。確かに，男を惹きつける魅力ある，小柄ではないグラマーな女性であった。笑顔で語っている作者の様子が伺える。

> Ful semyly hir wympul pynched was,
> Hir nose tretys, hir eyen greye as glas,
> Hir mouth ful small, and therto softe and reed.
> But sikerly she hadde a fair forheed;
> It was almost a spanne brood, I trowe;
> For, hardily, she was nat undergrowe. (I (A) 151-56)
>
> (彼女の白い頭巾はとてもいいぐあいにひだがとってあり

ました。彼女の鼻は優美でかっこうよく，眼はガラス玉のようにうす青く，またとても小さな，そのうえ柔らかくて赤い口もとでした。でも，彼女は確かに立派な額をしていました。それはほとんど親指と小指をはったほどの広さがあったと言ってもいいくらいでした。といいますのも，ほんとうを言いますとね，彼女は決して小柄ではなかったんです。)

　修道士の容姿は面白い。女子修道院長と同じようにガラスの直喩が使われるが，修道士のはげ頭は，彼女の魅惑的な青色に光る色とは対照的にてかてかと光り，眼も燃えたぎっている。

> His heed was balled, that shoon as any glas,
> And eek his face, as he hadde been enoynt.
> He was a lord ful fat and in good point;
> His eyen stepe, and rollynge in his heed,
> That stemed as a forneys of a leed;
> His bootes souple, his hors in greet estaat.
> Now certainly he was a fair prelaat;
> He was nat pale as a forpyned goost.
> A fat swan loved he best of any roost.
> His palfrey was as broun as is a berye. (I (A) 198-207)

(頭は禿げ，ガラス玉のように光っていました。顔もまるで油でもぬったようにてかてか光っていました。この修道僧はとても太った，肉付きのいい，王様といった様子でした。眼は鋭くつきでて，顔の中でぎろぎろまわりました。それはまるで鉛の大釜の下の火のように輝いていました。彼の

長靴は柔らかくしなやかで，馬はとても刺と元気いっぱいでした。さて，確かに，この修道僧は立派な修道院長というところでした。彼は地獄でさいなまれている亡霊みたいに青白くはありませんでした。焼肉の中では，太った白鳥がいちばんの好物でした。乗っていた馬は野苺のような茶褐色でした。)

托鉢僧は女性たちの気を引くために，巧みに舌を滑らせ，気取ったしゃべり方を示す意図で，作者は隣接する音素 /sp/ を音位転換したのではなかろうか。女たらしのような女性にとって魅力的な話し方だけでなく，獲物を狙ってきらきらと光っている眼の描写においても，作者の笑顔が想像できる。

> Somwhat he lipsed, for his wantownesse,
> To make his Englissh sweete upon his tonge;
> And in his harping, whan that he hadde songe,
> His eyen twinkled in his heed aright
> As doon the sterres in the frosty nyght.
> This worthy lymytour was cleped Huberd.
>
> (I (A) 264-69)

(彼は自分の英語を舌のうえでなめらかにあやつるのに少々舌もつれしながらも気取って話す癖がありました。そして竪琴にあわせて歌をうたうと，彼の眼はちょうど霜夜の空の星のようにまさに顔のなかできらりきらりと輝きました。この立派な托鉢僧はヒューベルドという名でよばれました。)

オックスフォードの学僧で，学問をこよなく愛し，生きた言葉を使い，そして自ら喜んで学んだことを，喜んで教える

のである。まさに、教師の鑑ともいえる学僧である。作者は笑顔を浮かべて喜んで語っている。

> Of studie took he moost cure and moost heede.
> Noght o word spak he moore than was neede,
> And that was seyd in forme and reverence,
> And short and quyk and ful of hy sentence;
> Sownynge in moral vertu was his speche,
> And gladly wolde he lerne and gladly teche.
>
> (I (A) 303-8)

（彼は学問に最も関心をはらい、最も注意を向けていました。一語だって必要以上のことは言いませんでした。しかも言った言葉がちゃんと礼儀にかない、敬意のこもったものでした。それは簡潔で生き生きしており、深い意味に満ちたものでした。話すことは、いつもしまいには道徳のことに及んでゆきました。そして彼は喜んで学び、喜んで教えるのでした。）

　高等弁護士がいた。この人ほど忙しい人はいないと言いながら、実際より忙しそうに見えたとは、作者のアイロニーを感じる。この人はかなりの秀才で1066年以後の法廷の訴訟事件や判例や法令を丸暗記するほど頭がよかった。ただし、暗記力に対する賞賛の言葉あるが、それが教育実践活動において喜んでなされたかどうかはわからない。軍服のような正体を隠すまだらの服装をしていることから判断しても、わからないことが多い。実直な学僧の後に紹介されているので、対照的すぎる。ここでは、にやっと薄ら笑いをしている作者

の姿を想像する。

> Nowher so bisy a man as he ther nas,
> And yet he semed bisier than he was.
> In termes hadde he caas and doomes alle
> That from the tyme of kyng William were falle.
> Therto he koude endite and make a thing,
> Ther koude no wight pynche at his writing;
> And every statut koude he pleyn by rote.
> He rood but hoomly in a medlee cote, (I (A) 321-28)

（どこをさがしたって彼ほど忙しい人はいません。しかも，彼はじっさいより忙しそうに見えました。彼はウィリアム征服王以来の法廷の訴訟事件や判例やによく通じておりました。そのうえ，法律文書を書いたり作成したりするのがじつに上手でした。誰も彼の書いたものを「つねって」あら探しのできる者はひとりとしてありませんでした。彼は法令という法令は宙ですっかり諳んじておりました。彼はまだらの衣服を着て，目立たない質素な恰好で馬に乗っておりました。）

　高等弁護人の仲間として郷士が登場する。高等弁護人のまだらの姿と異なって，郷士については，はっきりとした白色の特徴が直喩と隠喩によって語られる。州の知事で会計検査官をしていたと書かれているが，この人には不正があったとは思われない。彼は食道楽をたしなむことが生活信条であったようで，作者はその和やかな楽しい雰囲気を喜んでいる。

> Whit was his berd as is the dayesye; (332)

../174

```
. . . . . . . . . . . . . . . . . . . . . . . . . . . . . .
Withoute bake mete was nevere his hous,
Of fish and flesh, and that so plentevous
It snewed in his hous of mete and drynke;
Of alle deyntees that men koude thynke,
. . . . . . . . . . . . . . . . . . . . . . . . . . . . . .
An anlaas and a gipser al of silk,
Heeng at his girdel, whit as morne milk. (I (A) 332-58)
```

（髭は雛菊のように白く，家には魚と肉に果物，それにまた香料を入れた焼きパンがいつも備えてありましたが，それもじつにたくさん，家には食べ物に飲み物，人が考えうる限りのありとあらゆるご馳走がまるで雪の降るばかりに積っておりました。両刃の短剣や絹の財布が朝の牛乳のような白い帯皮のところにぶら下がっておりました。）

医学博士は，さすがに自らの食事については細心の注意を払っている。対照的に，智の根源とも言える聖書についてはお粗末という。金遣いも非常に注意深く，黒死病のようなペストが流行したときに稼いだものであるらしい。軽妙な皮肉を使う作者は，にやりとした顔を見せている。

```
Of his diete mesurable was he,
For it was of no superfluitee,
But of greet norissyng and digestible.
His studie was but litel on the Bible.
In sangwyn and in pers he clad was al,
Lyned with taffata and with sendal.
And yet he was but esy of dispence;
```

He kepte that he wan in pestilence.

For gold in phisik is a cordial,

Therefore he lovede gold in special.　(I (A) 435-44)

(食事はほどほどにしていました。というのは，決してたくさん食べるのではなく，非常に栄養があって消化しやすいものだけを食べたからでした。この医者の聖書の研究ときたら，ほんとにお粗末至極なものでした。彼は裏地に琥珀織りと薄絹織りとをしつらえた緋色と，青味がかった灰色の服に身をくるんでいました。たがしかし，金づかいにはとても注意深い方でした。彼は疫病の間に儲けたものは貯えておきました。医学では金は強壮飲料となるというわけか，ことのほか金を愛しておりました。)

　バースの女房は，5人の夫を持っていた女性として描かれる。その夫たちとの関係は，彼女が語る話のプロローグで明らかにされていく。男との関係で自由を得ること，そして男を支配することを求めるという強い女である。ただし，若い頃の恋人は別として語られているところでは，作者は笑みを浮かべている。

She was a worthy woman al hir lyve:

Housbondes at chirche dore she hadde five,

Withouten oother compaignye in youthe –

・・・・・・・・・・・・・・・・・・・・・・・・・・・・・

In felaweshipe wel koude she laughe and carpe.

Of remedies of love she knew per chaunce,

For she koude of that art the olde daunce.

(Ⅰ (A) 459-76)

(彼女は生涯，非のうちどころのないご婦人でした。教会の入口のところで五人の夫を迎えました。若いときのほかの愛人のことは勘定にいれないとすれば。仲間の中で彼女は笑ったりおしゃべりするのがとても上手でした。ついでながら，彼女は恋の療法をよく心得ておりました。彼女は恋の手練手管にかけてはなかなかのしたたか者でしたから。)

おわりに

以上，チョーサーの英語と笑いについて，読者・聴衆の笑い，登場人物の笑い，作者の笑いの三つの視点から考察してきた。読者・聴衆の笑いの例として，「粉屋の話」，「家扶の話」などを取り上げ，我々を楽しくさせてくれる笑いについて考えた。登場人物の笑いの例として，『トロイラスとクリセイダ』を取り上げ，クリセイダと彼女の友達の笑い，パンダルスとクリセイダの笑い，トロイラスとクリセイダの笑い，そしてトロイラスの最後の笑いについて，具体例を出して，作中人物同士の楽しみに関する一考察をした。最後に，作者の笑いの例として，『カンタベリー物語』「総序の詩」の人物描写を取り上げ，ユーモアたっぷりの作者の楽しい筆致を探った。このように，作者チョーサーは多重的な視点から我々に笑いを提供し，楽しませてくれたのである。

主要参考文献

Austen, Jane. (1813) *Pride and Prejudice*, edited by J. Kinsley (2003), Oxford World's Classics. Oxford: OUP.

オースティン, ジェーン. 中野好夫訳 (1960)『自負と偏見』「オースティン・ブロンテ」(世界文学大系 28) 東京:筑摩書房.

Benson, L. D., ed. (1987) *The Riverside Chaucer*, 3rd ed. Boston: Houghton Mifflin.

Blake, N. F., ed. (1980) *The Canterbury Tales: Edited from the Hengwrt Manuscript.* London: Edward Arnold.

Blake, N. F. (1981) *Non-standard Language in English Literature.* London: André Deutsch.

Brewer, D. S. and L. E. Brewer. eds. (1971) *Troilus and Criseyde* (abridged). London: Routledge and Kegan Paul.

Burnley, D. (1986) "Courtly Speech in Chaucer," *POETICA*. 24, 16-38.

Cooper, H. (1989, 1996^2) *The Canterbury Tales* [Oxford Guide to Chaucer]. Oxford: OUP.

Correale, R. M. and M. Hamel. *Sources and Analogues of the Canterbury Tales.* Cambridge, D.S.Brewer, 2002.

Davis, N. (1974) "Chaucer and Fourteenth-Century English," *Writers and Their Background: Geoffrey Chaucer*, edited by D.Brewer. London: G.Bells and Sons.

Davis, N., Gray, D., Ingham, P., Wallace-Hadrill, A. (1979) *A Chaucer Glossary*. London: Oxford University Press.

Donaldson, E. T. ed. (1958) *Chaucer's Poetry: An Anthology for the Modern Reader*. New York: The Ronald Press.

Elliott, R. W. V. (1974) *Chaucer's English*. London: André Deutsch.

Jimura, A. (1979) "The Characterisations of Troilus and Criseyde through Adjectives in Chaucer's *Troilus and Criseyde* – "trewe as stiel" and "slydynge of corage"–," *PHOENIX* 15, Department of English, Hiroshima University, 101-22.

地村彰之 (1987)「Chaucer の館の表現」『人の家・神の家』京都: あぽろん社.

Jimura, A. (1990) "Chaucer's Use of Northern Dialects in *The Reeve's Prologue and Tale*," *Festschrift for Kazuso Ogoshi, Ohtani Women's College*. Kyoto: Apollon-sha. 159-83.

Jimura, A. (2005) *Studies in Chaucer's Words and his Narratives*. Hiroshima: Keisuisha.

地村彰之 (2007)「英語史における異形の一極化」『英語青年』(Vol. CLIII, No. 7), 45-48.

Masui, M. (1962, 1973) *Studies in Chaucer* (in Japanese). Tokyo: Kenkyusha.

Masui, M. (1988) *Studies in Chaucer's Language of Feeling*. Tokyo:Kinseido.

桝井迪夫訳 (1995)『完訳カンタベリー物語』東京: 岩波書店.

McIntosh, Angus et al. eds. (1986) *A Linguistic Atlas of Late Mediaeval English*. Aberdeen University Press.

三宅川正 (1981)『英文学におけるユーモアと風刺の伝統』大阪：関西大学出版部.

宮田武志訳 (1979), ジェフリー・チョーサー『トゥローイラスとクリセイデ』大手前女子学園アングロノルマン研究所.

御輿員三 (1959, 1975)『キャンタベリー物語序歌訳解－二十六の群像－』東京：南雲堂.

笹本長敬訳 (2002), チョーサー作『カンタベリー物語（全訳）』東京：英宝社.

庄村哲二 (1975)「Chaucer の *The Miller's Tale* とその類話－伝統と創造」『熊本短大論集』LI, 1-18.

庄村哲二 (2003)『チョーサーの「家扶の話」－伝統の受容と変容－』熊本学園大学付属海外事情研究所.

Spearing, A. C. and J. E. Spearing. (1979) *The Reeve's Prologue and Tale with the Cook's Prologue and the Fragment of his Tale.* Cambridge: Cambridge U P.

Windeatt, B.A., ed. (1984), *Troilus and Criseyde: A new edition of 'The Book of Troilus'.* London and New York: Longman.

Whittock, T. (1968), *A Reading of the Canterbury Tales.* Cambridge: Cambridge U P.

Wyler, S. (1944) *Die Adjective des mittelenglischen Schönheitsfeldes unter besonderen Berucksichtigung Chaucers.* Diss. Zurich, Biel: Graphische Anstalt Schuler.

Martyn Ford & Peter Legon, *The How To Be British to Collection* (East Sussex, GB: Lee Gone Publications, 2003) より

あとがき

　「中世ヨーロッパにおける笑い」と題して、シリーズの第8集を刊行することになった。昨年は、折しも研究会のメンバーを構成員として取り組んできた「中世ヨーロッパ文化の多元性に関する総合的研究」（科学研究費補助金）の最終年度を迎えていた。そこでこれまでの研究成果を取りまとめる作業を平行させつつ、年次テーマとして選んだ「中世ヨーロッパにおける笑いの文化」について、各自の観点から研究を進め、成果を持ち寄って例会を定期的に開催してきた。昨秋11月に書名と同じテーマを掲げて行った公開シンポジウムでの発表原稿に手を加え、論集としてまとめたものが本書である。

　「笑い」というテーマは、予想通りというより、予想以上に手強いものであることを実感している。言語表現に伴うおかしみ・滑稽さに限ってみても、扱い方によって「笑い」の幅も深みもさまざまである。哲学・史学・文学・語学を専門にするメンバーを擁するわれわれの研究会にとっても、このテーマの手強さは問題意識の相違を越えて相当なものであった。公開シンポジウムの際に参加者諸賢からご批判を得ることができたのは幸いであった。謝意を表する次第である。至

らぬところを残していることを自覚しつつ、「中世ヨーロッパ文化の多元性」についていっそう理解を深めるために、次のテーマに取り組みたいと考えている。

　2008 年 9 月

水田　英実
山代　宏道
中尾　佳行
地村　彰之
原野　　昇

Laughter in Medieval Europe
CONTENTS

Preface	1
Aspects of Laughter: "Happy you who weep now" Mizuta Hidemi	9
Laughter in Medieval England: Monks Smile Silently Yamashiro Hiromichi	43
Laughter in Medieval French Literature: Its Social Aspect Harano Noboru	81
Laughter in Chaucer's Fabliaux: Wordplays in the *Shipman's Tale* Revisited Yoshiyuki Nakao	111
Laughter and Chaucer's English Akiyuki Jimura	143
Postscript	181
Contents	183
Contributors	184

著者紹介

水田 英実 1946 年生
京都大学大学院文学研究科博士課程単位取得退学,博士(文学)
広島大学大学院文学研究科教授
トマス・アクィナス『知性の単一性について―アヴェロエス主義者たちに対する論駁』(中世思想原典集成 14) 平凡社, 1993;『トマス・アクィナスの知性論』創文社, 1998;「『分析論後書注解』におけるトマス・アクィナスの知識論 (3)―*Expositio Libri Posteriorum*, lib.1, lect.3 による」『比較論理学研究』4, 2007.

山代 宏道 1946 年生
広島大学大学院文学研究科博士課程単位取得退学,博士(文学)
広島大学大学院文学研究科教授
『ノルマン征服と中世イングランド教会』溪水社, 1996;『危機をめぐる歴史学―西洋史の事例研究―』(編著) 刀水書房, 2002;『中世ヨーロッパの時空間移動』『中世ヨーロッパにおける排除と寛容』『中世ヨーロッパにおける死と生』(各共著) 溪水社, 2004-06;「中世イングランド司教の統治戦略――ハーバート＝ロシンガを中心に――」『広島大学大学院文学研究科論集』66, 2006.

中尾佳行 1950 年生
広島大学大学院博士課程後期単位取得退学,博士(比較社会文化)
広島大学大学院教育学研究科教授
A New Concordance to 'The Canterbury Tales' Based on Blake's Text Edited from the Hengwrt Manuscript (共編著) 大学教育出版, 1994; "A Semantic Note on the Middle English Phrase As He/She That." *NOWELE* 25, Denmark, 1995; "The Semantics of Chaucer's Moot/Moste and Shal/Sholde." *English Corpus Linguistics in Japan*, Amsterdam-New York: Rodopi, 2002;『Chaucer の曖昧性の構造』松柏社, 2004.

地村 彰之 1952 年生
広島大学大学院文学研究科博士課程後期中退,博士(文学)
広島大学大学院文学研究科教授
"An Introduction to a Textual Comparison of *Troilus and Criseyde*", *Essays on Old, Middle, Modern English and Old Icelandic*, New York: The Edwin Mellen Press, 2000; *A Comprehensive Textual Comparison of Chaucer's Dream Poetry* (共編著) 大学教育出版, 2002; *Studies in Chaucer's Words and his Narratives*, 溪水社, 2005.

原野 昇 1943 年生
広島大学大学院文学研究科博士課程中退, パリ大学文学博士 (DL)
放送大学客員教授, 広島大学名誉教授
ピエール＝イヴ・バデル著『フランス中世の文学生活』白水社, 1993; ジャック・リバール著『中世の象徴と文学』青山社, 2000;『狐物語』(共訳) 岩波文庫, 2002;『フランス中世の文学』広島大学出版会, 2005; *Le Roman de Renart*, Paris, Livre de Poche (共著), 2005;『フランス中世文学を学ぶ人のために』(編著) 世界思想社, 2007.

著 者

水田　英実（みずた　ひでみ）
山代　宏道（やましろ　ひろみち）
中尾　佳行（なかお　よしゆき）
地村　彰之（ぢむら　あきゆき）
原野　　昇（はらの　のぼる）

中世ヨーロッパにおける笑い

平成20年9月15日　発行

著　者　水田　英実
　　　　山代　宏道
　　　　中尾　佳行
　　　　地村　彰之
　　　　原野　　昇
発行所　株式会社　溪水社
　　　　広島市中区小町1－4（〒730-0041）
　　　　電　話（082）246-7907
　　　　ＦＡＸ（082）246-7876
　　　　E-mail: info@keisui.co.jp

ISBN978-4-86327-032-9　C3022

既刊本

中世ヨーロッパに見る異文化接触 原野昇・水田英実・山代宏道・地村彰之・四反田想 四六判二三二頁 二〇〇〇年九月刊 本体二五〇〇円+税

中世ヨーロッパと多文化共生〔品切〕 原野昇・水田英実・山代宏道・地村彰之・四反田想 四六判二一〇頁 二〇〇三年十月刊 本体二三〇〇円+税

中世ヨーロッパ文化における多元性 原野昇・水田英実・山代宏道・地村彰之・四反田想 四六判一七六頁 二〇〇二年八月刊 本体二〇〇〇円+税

中世ヨーロッパの時空間移動 原野昇・水田英実・山代宏道・中尾佳行・地村彰之・四反田想・大野英志 四六判二二二頁 二〇〇四年九月刊 本体二二〇〇円+税

中世ヨーロッパにおける排除と寛容 原野昇・水田英実・山代宏道・中尾佳行・地村彰之 四六判一八二頁 二〇〇五年九月刊 本体二〇〇〇円+税

中世ヨーロッパにおける死と生 原野昇・水田英実・山代宏道・中尾佳行・地村彰之・四反田想・原野昇 四六判二〇二頁 二〇〇六年九月刊 本体二〇〇〇円+税

中世ヨーロッパにおける女と男 水田英実・山代宏道・中尾佳行・地村彰之・原野昇 四六判一八八頁 二〇〇七年九月刊 本体二〇〇〇円+税

溪水社